EL CONCURSO:
¿LO QUERES?
LO TIENES

Técnicas Mágicas para el Éxito

Helene Hadsell

Actualizado por
Carolyn Wilman
LA REINA DE LOS CONCURSOS

Copyright © 1971 por Helene Hadsell, DeVorss & Co.
Copyright © 1988 por Helene Hadsell, Editorial Top of the Mountain
Copyright © 2010 por Helene Hadsell, Delta Sciences LLC
Copyright © 2020 por Helene Hadsell, revisado y actualizado por Carolyn Wilman, 7290268 Canada Inc., dba Words For Winning

Edición en español Copyright © 2023 por Helene Hadsell, revisado y actualizado por Carolyn Wilman, 7290268 Canada Inc., dba Words For Winning

Todos los derechos reservados.

Aunque el autor y el editor han hecho todo lo posible para garantizar que la información contenida en este libro fuera correcta en el momento de su impresión, el autor y el editor no asumen y por la presente declinan toda responsabilidad ante cualquier parte por cualquier pérdida, daño o discontinuidad causado por errores u omisiones, tanto si dichos errores u omisiones se deben a negligencia, accidente o cualquier otra causa.

Todos los derechos reservados. Ninguna parte de esta publicación puede ser reproducida, distribuida o transmitida de ninguna forma ni por ningún medio, incluidos el fotocopiado, la grabación u otros métodos electrónicos o mecánicos, sin el permiso previo por escrito del editor, excepto en el caso de citas breves incluidas en reseñas críticas y otros usos no comerciales permitidos por la ley de derechos de autor. Para solicitar permiso, póngase en contacto con el editor:

7290268 Canada Inc., dba Words for Winning info@wordsforwinning.com. Para más detalles sobre pedidos al mayoreo, póngase en contacto con el editor en orders@wordsforwinning.com

Hadsell, Helene
El concurso: ¿Lo quieres?
Lo tienes Técnicas Mágicas para el Éxito

Tercera Edición de ¿Lo quieres? Lo tienes
1. Éxito. 2. Concursos—Aspectos psicológicos. 3. Recompensas. (Premios, etc.)
I. Hadsell, Helene. ¿Lo quieres? Lo tienes. Técnicas Mágicas para el Éxito

Libro de pasta blanda ISBN: 978-1-7773194-5-8
Libro electrónico ISBN: 978-1-7773194-6-5

AGRADECIMIENTOS

Traducción de Carlos Reyes en Fiverr.
Editado por Catherine Flesh.
Diseño de portada por Mark Lobo de doze!gfx.

DEDICACIÓN

A Helene y a todos los grandes maestros de sorteos que me precedieron. No sólo mejoraron la afición, sino que también cambiaron innumerables vidas.

Helene Hadsell
1 de junio de 1924—30 de octubre de 2010

AFIRMACIÓN

A Helene le gustaba repetir una sencilla frase siempre que daba conferencias, escribía o aconsejaba a la gente:

"Permítanme ser un canal para ayudar a la gente a ayudarse a sí misma."

Como ella no está aquí para pronunciar esta frase, que cada uno de los que leemos estas palabras afirmemos su oración.

MÁS LIBROS

Para leer artículos e historias de los archivos de helene hadsell, junto con otras aventuras, programas de audio y videos, todo gratis, visite **www.WordsForWinning.com**.

Además, obtenga su meditación de manifestación gratuita de 15 minutos inspirada en spec suscribiéndose al boletín words of wisdom.

Nota: todos estos recursos están en inglés.

LIBROS DE HELENE HADSELL

¿Lo quieres? Lo tienes

En contacto con otros reinos

Confesiones de un sabio de 83 años

Uun hombre llamado viernes

https://bit.ly/HeleneHadsellBooks

LIBROS DE CAROLYN WILMAN

No puedes ganar si no participas

Cómo ganar dinero, coches, viajes, ¡y más!

¡Premios, premios, por doquier!

https://bit.ly/LearnToWinSweepstakes

TALLERES EN LÍNEA

Técnicas mágicas para el éxito 2.0

Sorteos para principiantes

Cómo ganar sorteos en las redes sociales

RoboForm 101

http://bit.ly/CQWorkshops

TABLA DE CONTENIDO

Dedicación — iii
Afirmación — iii
Más libros — iv
Prefacio — 7
Mis aventuras con Helene — 11

PARTE UNO

Introducción #1 — 23
¿Lo quieres? Lo tienes — 25
Que gane mi hermano mayor — 35
Todo llega a quien lo espera — 41
Sí, sí puedes — 53
Ahora hazte el sorprendido, es lo que esperan — 59
Cómo ser exitoso si siquiera intentarlo — 67
Las corazonadas son lo más útil — 73
La prueba máxima — 79
Técnicas mágicas para el éxito — 87
SPET — 93

PARTE DOS

Introducción #2 — 99
Claves para ganar — 101
Cómo la actitud correcta hace a un ganador — 103
¿Qué es lo que quiere? — 105
La diferencia entre desear y saber — 109
Material para el concursante — 117
Pasos que seguir para entrar en concursos — 121

Preguntas frecuentes de mis estudiantes 127

PARTE TRES
Introducción #3 139
Sea un ganador en todas las áreas de su vida 141
Refuerce sus talentos y grandeza 151
Concursos para niños 155

PARTE CUATRO
Material adicional 163
El camino de Helene 165
Médico: cúrese a sí mismo 169
Lo más rescatable de Silva 177
Cartas Numerológicas #1 179
Cartas Numerológicas #2 183
Catorce quilates de oro 187
Desiderata 191

Epílogo 193
Lecturas recomendadas 195
Autoras 199

PREFACIO

No estoy seguro de cuándo oí hablar por primera vez de Helene Hadsell, pero si pasas algún tiempo formando parte de la comunidad de participantes de concursos, al final lo haces. ¿Cómo no? Helene era famosa por ganar todos los concursos en los que se presentaba y los premios que deseaba, incluida una casa totalmente amueblada.

A principios de la década de 2000 me regalaron un ejemplar usado de ¿Lo quieres? Lo tienes. Me sentí muy afortunada, ya que no se publicaba desde 1988. Lo devoré.

No fue mi primera introducción al pensamiento positivo, la visualización, la proyección mental, la fijación de objetivos, etc. Cuando cumplí dieciocho años, mi padre me regaló mi primer libro de motivación, diciéndome: "Si puedo enseñarte a los dieciocho lo que yo aprendí a los treinta y seis, ya me llevarás mucha ventaja".

Tras años de autoestudio, llegué a la conclusión sobre que mi propósito era enseñar a los demás dos cosas. Primero, cómo traer más diversión y emoción a sus vidas cotidianas ganando sorteos, y segundo, cómo utilizar una amplia gama de metodologías metafísicas y maestros, como Helene, para lograr una vida mágica.

Comencé mi camino de enseñanza en 2004 escribiendo un libro: No puedes ganar si no participas y también publicando un boletín informativo. Luego, en 2008, añadí un blog y un podcast a mi plataforma. Cada dos lunes, durante varios años, charlé con los que mueven los hilos en la industria de la promoción, deseosa de compartir mi mensaje.

Como siempre estoy buscando invitados dinámicos para mi podcast, me puse en contacto con Helene y aceptó participar en mi programa. Me hizo mucha ilusión. (Las entrevistas de audio se grabaron y se pueden encontrar en mi canal de YouTube WordsForWinning, junto con una lista de reproducción de los vídeos completa aquí: https://bit.ly/HeleneHadsell.)

Después de nuestra primera entrevista, fui bastante descarada y le pregunté sin rodeos a Helene si podía ir a Texas a conocerla en persona. Me dijo que no. Unos días después, recibí una llamada suya invitándome a visitarla.

Helene dijo que mis guías espirituales eran tan ruidosos que tuvo que ceder. (Soy ruidosa en la vida, así que no me sorprendió que mis guías espirituales también lo fueran).

Ese noviembre, me encontré en Alvarado, Texas, en presencia de esta mujer increíble. Para mí, las mujeres como Helene eran las maestras originales de la espiritualidad. Helene dominaba no sólo la Ley de la Atracción, sino también el arte de manifestar, junto con toda una serie de otras extraordinarias habilidades metafísicas. Es esa misma maestría la que imparte en todos sus libros. Helene también pensaba que "si ella podía hacerlo, tú también". Aunque la afición en sí ha cambiado enormemente en los últimos 50 años, las habilidades para dominar la mente y las lecciones de vida que Helene imparte son atemporales.

Durante mi visita, Helene me sugirió que tomara su batuta y empezara a compartir lo que ella llevaba décadas enseñando. No se veía enseñando en persona otra vez y no quería que sus mensajes se fueran con ella. No hice nada con su sugerencia, hasta ahora.

Ya que la entrevisté, escribí sobre ella y compartí sus enseñanzas a lo largo de los años, recibí muchas peticiones de libros, cursos y lecturas de las cartas numerológicas de Helene. Por fin, había llegado el momento de no sostener la batuta que me había dado, sino de correr con ella.

Me puse en contacto con su familia y compré los derechos para actualizar y volver a publicar sus libros. Me entusiasmaba la idea de dar a conocer al mundo lo que esta mujer inteligente, vibrante y gregaria me pidió que hiciera hace más de una década.

Su hijo Dike me envió ejemplares en pasta blanda de todos sus libros junto con un CD con una copia digital de este libro. Me sorprendió descubrir que la edición de 1988 que yo tenía no era la última. Helene la había actualizado en 2010, el año en que falleció. Su deseo de enseñar nunca decayó.

Para mí es importante mantener la integridad de la obra de Helene, así que en esta edición sólo he hecho pequeños ajustes. He reformateado su libro para adaptarlo a los métodos de publicación actuales (impresión bajo demanda, Kindle, Kobo, Google Books y Apple Books), he añadido notas cuando ha sido necesario y he incluido una sección de lecturas recomendadas al final para que usted pueda seguir aprendiendo y creciendo.

NOTA: El título original en inglés de Helene Hadsell era El juego de Nómbralo y Reclámalo pero el traductor encarnó la personalidad juguetona de Helene y actualizó el título para esta edición traducida.

También le he facilitado la tarea de distinguir las palabras de Helene de las mías. **Todas las palabras de Helene están en letra Arial.** Todas mis palabras están en fuente Times New Roman.

Al igual que Helene, espero entienda sus enseñanzas y no sólo se convierta en un ganador, sino en un gran ganador en el juego de la vida.

Carolyn Wilman, alias La Reina de los Concursos
Autora de superventas como *Cómo ganar dinero, coches, viajes, ¡y más!*

EL CONCURSO: ¿LO QUIERES? LO TIENES

reformateado su libro para adaptarlo a los métodos de publicación actuales (impresión bajo demanda, Kindle, Kobo, Google Books y Apple Books), he añadido notas cuando ha sido necesario y he incluido una sección de lecturas recomendadas al final para que usted pueda seguir aprendiendo y creciendo.

NOTA: El título original en inglés de Helene Hadsell era El juego de Nómbralo y Reclámalo pero el traductor encarnó la personalidad juguetona de Helene y actualizó el título para esta edición traducida.

También le he facilitado la tarea de distinguir las palabras de Helene de las mías. **Todas las palabras de Helene están en letra Arial.** Todas mis palabras están en fuente Times New Roman.

Al igual que Helene, espero entienda sus enseñanzas y no sólo se convierta en un ganador, sino en un gran ganador en el juego de la vida.

Carolyn Wilman, alias La Reina de los Concursos
Autora de superventas como *Cómo ganar dinero, coches, viajes, ¡y más!*

EL CONCURSO: ¿LO QUIERES? LO TIENES

Mis Aventuras Con Helene

Como se indica en el prólogo, tuve la suerte de pasar cuatro días mágicos con Helene. Me frustra no tener memoria fotográfica. Mis recuerdos son esporádicos, pues sólo recuerdo fragmentos. Sin embargo, la retrospectiva es 20/20, y ojalá hubiera llevado un diario o notas durante mi estancia.

Esto es lo que recuerdo.

Viernes 14 de noviembre de 2008

Aterricé a media tarde y me dirigí a alquilar un coche. Helene vivía en Alvarado, Texas, a unos 30 minutos al sur de Fort Worth y a una hora del aeropuerto.

Como no iba a tener servicio móvil ni Internet en casa de Helene (esto ha cambiado desde entonces), paré en Starbucks para actualizar mi correo electrónico y conectarme con mi familia, ya que llamar a larga distancia iba a ser casi imposible con mi teléfono plegable. (¡Era 2008, después de todo!)

Cuando llegué a su puerta, la hora de cenar ya había pasado. Helene fue muy amable. Mantuvo un plato de comida caliente para mí, buena comida casera. Nos sentamos a la mesa y hablamos de mi día mientras yo comía.

Luego me enseñó la casa. Era una casa de concepto abierto y en el centro estaba su zona de conferencias. Allí celebraba sus talleres. Sólo podía imaginarme cómo habría sido asistir a un taller original de Técnicas Mágicas para el éxito.

Cuando Helene organizaba seminarios de fin de semana completo, tenía una casa de huéspedes para los estudiantes. Como esta vez se trataba solo de mí, me quedé en la habitación de invitados localizada en la parte de atrás de la casa.

El Concurso: ¿Lo Quieres? Lo Tienes

Sábado 15 de noviembre de 2008

Después de desayunar, me dirigí a Starbucks para registrarme, escribir y tomarme un café dulce con leche y canela. Le llevé uno a Helene, muy caliente y con doble tapón para que sobreviviera al viaje. Lo AMÓ. Nunca había probado una bebida de Starbucks ni un café con leche, y recuerdo lo deleitada que estaba al sorber su primera bebida caliente, dulce y espumosa.

Área de conferencias

De camino a Starbucks, vi un puesto de carretera que vendía nueces frescas. Por supuesto, a la vuelta, paré y compré dos bolsas para llevarme a casa. ¡Qué delicia!

Cuando volví, Helene me dijo que quería comprar material para crear cartas numerológicas. Se le habían acabado los álbumes de fotos con las páginas adhesivas que utilizaba. Nos fuimos de compras.

Mejor dicho, de aventura. Uno de los dichos favoritos de Helene era la cita de Helen Keller: "La vida es una aventura atrevida o no es nada". Cualquier momento pasado con Helene, por mundano que fuera en apariencia, ¡era una aventura!

Nuestra primera parada fue el Rosa's Café, ya que para entonces era la hora de comer. Lo primero que vimos al entrar fue un gran cartel que anunciaba un sorteo.

Tenía que grabar un vídeo de 30 segundos describiendo su experiencia en el café. Como Helene no tenía conocimientos modernos de grabación de vídeo, grabé su participación y la envié en su nombre. Unos meses después me envió un mensaje diciéndome que había ganado un segundo premio. Realmente ganó todos los concursos a los que se presentó, y yo fui testigo directo de ello.

Mientras buscaba imágenes para este libro, encontré su vídeo. Lo publiqué en mi canal de YouTube Contest Queen. Si quieres verlo, aquí tienes el enlace: http://bit.ly/HelenesContestEntry.

Terminamos yendo a varios Dollar Trees y Dollar Generals, ya que ninguno de ellos parecía tener suficientes álbumes de fotos específicos que Helene necesitaba para hacer sus cartas numerológicas. Al final, encontramos una docena más o menos.

Una vez de vuelta, nos sentamos a tomar el té de la tarde. Helene aún tenía en la cocina el puesto de café que utilizaba en los talleres.

Cafetera, tetera, tazas, tés, azúcar, etc., todo dispuesto para que cualquiera pudiera disfrutar de una taza de té cuando quisiera. Era la primera vez que tomaba un té irlandés. A día de hoy, sigue siendo uno de mis favoritos.

Más tarde, vimos una película para televisión: The Two Mr. Kissels. Por alguna razón, todavía recuerdo toda la película. Puede que fuera porque, por muy disparatada que fuera la historia, estaba basada en hechos reales.

Helene y yo hablamos durante los anuncios. Todavía la veo sentada en su gran sillón con una almohadilla eléctrica en cada reposabrazos para mantener el calor. Yo me sentaba en el sofá, debajo de una manta de ganchillo. Al año siguiente me envió esa manta por correo. La nota que adjuntaba decía que había ganado el primer premio al mejor invitado de 2008. Aún conservo la nota y la manta.

Hablamos de cómo manifestaba todas sus aventuras, premios y sueños. Helene me dijo que había una cosa que todavía quería hacer: ser invitada en The David Letterman Show. Era una aventura que nunca se le manifestó.

Domingo 16 de noviembre de 2008

Planeé todo mi viaje en torno a este día. Ya que venía a Texas, pensé: "¿Por qué no estar en la ciudad para la reunión mensual del DFWinners Sweepstakes Club mientras visitaba a Helene?".

No sólo me invité a mí misma a la reunión, ¡también invité a Helene! Afortunadamente, el club estuvo encantado de tenerme como invitada. Se quedaron extasiados cuando descubrieron que Helene venía conmigo.

Como todos los días de este viaje, la primera parada del camino a Irving fue Starbucks.

Mientras tomábamos cafés con leche, trabajé en mi computadora. A Helene le encantaban los brebajes dulces y espumosos que Starbucks ofrecía. Me imaginaba lo a menudo que habría frecuentado la tienda si los hubiera descubierto antes.

Helene no quería que le hiciera ninguna foto durante el viaje, pero me dejó sacar una foto parcial con la cámara de la laptop. (¿Puede ver a Helene escondida en la esquina inferior derecha?).

Por desgracia, la resolución era perfecta para la web, pero no para imprimirla. Aun así, pensé que merecía la pena compartir el recuerdo.

Puede que no recuerde todos los detalles del fin de semana, pero por suerte tuve la sensatez de escribir en el blog nuestra visita a la reunión mensual del DFWinners Sweepstakes Club. Esto es lo que escribí:

Los DFWinners

El domingo pasado, tuve la suerte de asistir a la reunión mensual del club DFWinners con Helene a cuestas. (Se celebró en el restaurante Spring Creek BBQ en Irving, Texas. Su club es muy diferente del mío.

El Concurso: ¿Lo Quieres? Lo Tienes

Mi club, El Círculo de los Ganadores, sólo tiene doce miembros. Nos reunimos una vez al mes en un restaurante local.

Almorzamos, charlamos sobre el hobby, y tenemos un intercambio de billetes de lotería para raspar.

NOTA: Ahora nos reunimos dos veces al mes a través de Zoom. Únase a nosotros para nuestra Reunión Virtual del Club de los Concursos. https://bit.ly/ContestClubMeetings

A esta reunión asistieron veintinueve personas. No estoy segura de cuántos miembros tienen. Tienen un formato de reunión formal. Antes de que empiece la reunión, la gente hace cola para participar en los sorteos: postales selladas, sobres decorados, boletos para rascar, 50/50 y Mejor que Nada. La reunión comenzó pasando lista. Cada persona se presenta y dice lo que ha ganado desde la última reunión. Incluso si las ganancias de alguien fueron bajas el mes pasado, hubo muchas palabras de aliento.

Incluso tienen un tablón de victorias para registrar cuántas victorias importantes han conseguido como club.

Luego me levanté y hablé un poco sobre este pasatiempo y respondí a preguntas sobre las diferencias entre Canadá y Estados Unidos. Las diferencias se resumen en: la jerga (concursante frente a jugador), los impuestos (en Canadá no pagamos impuestos sobre el valor de los premios de ningún tipo), prácticamente no quedan concursos por correo en Canadá y el número de sorteos locales en los que se requiere la participación es mucho mayor.

Más tarde, descubrí que la parte de la reunión de la que hablé era su Sesión Educativa, en la que aprendían algo nuevo para aumentar sus probabilidades de ganar. El mes anterior hicieron sobres de crema de afeitar.

Luego, hicieron los sorteos. Yo gané el 50/50. ¡YUJU! (Le compré a mi hija unas botas de vaquera rosas con mis ganancias).

Después de ganar, se habló de los asuntos del club. (La sección de asuntos era muy parecida a la sección de asuntos de las reuniones de mi club Toastmasters). Como era noviembre, hablaron de la fiesta/reunión de Navidad y de la nueva ejecutiva para el año siguiente. Entonces me di cuenta de que las cuatro mujeres sentadas delante eran la Presidenta, la Webmaster, la Secretaria y la Tesorera.

Al final, Helene se levantó y se ofreció a acoger a algunos miembros como invitados en su casa un domingo del nuevo año y enseñarles de primera mano cómo atraer las victorias que realmente desean. Los cinco ganadores se sortearán en enero. Todos estaban muy emocionados ante la perspectiva de tener la suerte de ganar una tarde con Helene.

Las dos horas pasaron muy rápido. Helene y yo nos divertimos mucho.

Helene me había dicho que había dejado de participar en sorteos hace años porque había ganado todo lo que había querido. Mi energía ganadora era tan contagiosa que, cuando me fui, estábamos a punto de conseguirle una computadora nueva. (¡Parece que tengo ese efecto en la gente!) Así que acordamos que, cuando ganara, mi familia vendría a visitarla y le prepararíamos todo. ¡Me aseguraré de que nuestro viaje coincida con otra reunión de DFWinners!

Si vas a viajar, averigua qué clubes de sorteos hay en la zona y asiste a una reunión si es posible. Es una forma estupenda de estar rodeado de otros jugadores entre convención y convención.

De vuelta a casa de Helene, vi un cartel de natilla congelada. Le pregunté a Helene qué era eso. Me dijo que era parecido a un helado. Parecíamos dos niñas pequeñas al saltarnos la cena y comer natillas en su lugar. Recuerdo estar sentadas en el coche, con las tazas de natillas en la mano, riéndonos mientras devorábamos nuestro dulce manjar.

Lunes 17 de noviembre de 2008

Era hora de volver a casa. Después de desayunar, me dirigí al aeropuerto, pero ningún viaje a Texas estaría completo sin comprar un par de botas vaqueras. Me detuve en Cavanaugh's Boot City. Me compré un par de botas Justin y a mi hija un par de botas vaqueras rosas, que ahora están guardadas en su caja de recuerdos.

Por desgracia, nunca volví a ver a Helene. Falleció dos años después. Siempre le estaré agradecida por el tiempo que pasamos juntas, por las lecciones que aprendí y por la oportunidad de compartir su ingenio y sabiduría con ustedes.

EL CONCURSO: ¿LO QUIERES? LO TIENES

PARTE UNO

EL CONCURSO: ¿LO QUIERES? LO TIENES

INTRODUCCIÓN #1

UN RETO APASIONANTE PARA USTED, EL LECTOR:

Aprenda cómo puede jugar el juego de la vida usando el pensamiento positivo para ganar.

Puede que le parezca un libro atrevido y egoísta. Espero que así sea. También puede que encuentre ideas que pueden guiarle en la transformación de su vida. Si siente que nunca ha ganado nada en su vida, PUEDE cambiar ese patrón y convertirse en un GANADOR; es decir, si quiere cambiar.

¿Por qué se escribió este libro? Fue escrito para personas que son infelices y están insatisfechas con su situación actual. Sobre todo, se escribió para aquellos que están dispuestos a desafiar sus ideas actuales sobre la vida y cambiarlas cuando sea necesario.

¿Cuál es la clave del éxito, la llave que abre la Caja Mágica donde se guardan todos los tesoros de la vida? Reside en la mente: la vasta computadora que posee los secretos del Universo y de la vida misma. Nos esperan tantas cosas cuando tomemos conciencia de la mente y asumamos su control.

Por fin podemos saber por qué nos suceden las cosas, lo que nos coloca en control de nuestra fortuna. Ninguna persona ni circunstancia puede perturbar nuestra paz interior. El miedo y la tensión desaparecen cuando se utiliza el control positivo. La angustia y el dolor de cabeza quedan al descubierto y se disuelven.

Todo se vuelve correcto cuando aprendemos a amar de esta nueva manera. Posee todas las capacidades para enriquecerse. Sólo necesita ejercitar estos poderes. Cuando empiece, no se preocupe de si está procediendo correctamente.

Simplemente empiece.

Helene Hadsell

EL CONCURSO: ¿LO QUIERES? LO TIENES

¿Lo Quieres?
Lo Tienes

Lo verás cuando creas en él.
Helene Hadsell

La persona que realmente tiene éxito es la que piensa en positivo. Cuanto más cultive y controle una actitud positiva, más éxito tendrá. A medida que desarrolle el pensamiento positivo, el éxito sustituye al fracaso hasta que ya no pueda fracasar.

No importa su pasado o presente, puede cambiar su futuro. Cada persona tiene una idea diferente qué es el éxito. Para algunos, tener éxito en el romance y amor es el objetivo final; otros buscan programas de salud y culturismo; otros quieren fama y fortuna; y algunos necesitan casas enormes, coches y dinero como factor determinante.

Por desgracia, algunos no saben lo que quieren. Dispersan sus deseos en tantas vías que nunca llegan a acumular la energía suficiente para que algo se manifieste para ellos. Van de un lado a otro, suben y bajan, entran y salen de proyectos, sin detenerse lo suficiente para analizar por qué no tienen éxito. Nunca aceptan plenamente la idea de que, con una actitud positiva y control, pueden materializar cualquier cosa que necesiten o deseen en el plano físico.

Las siguientes experiencias personales que compartiré con usted no son para decirle lo genial que soy... sino para darle una pista de lo genial que es usted. Hay un dicho que lo dice: *"Todo esto que yo hago, tú lo puedes hacer y mejor"*.

Hace algunos años, mi idea del éxito era poder participar en concursos y ganar, ganar, ganar... cualquier cosa y todo lo que uno pudiera poseer en este mundo material. Desarrollé un deseo, una meta y una determinación. Leí un libro sobre el pensamiento positivo que me dejó una impresión imborrable. Quería demostrarme a mí misma que todo lo que la mente puede concebir y creer, puede conseguirlo con pensamientos positivos.

PASO NÚMERO 1: Fije una meta.

Si sabe lo que quiere, puede conseguirlo. Debo aclarar una cosa sobre mi participación en concursos, ya que a veces hay ideas equivocadas sobre por qué y cómo se gana.

Yo no tenía ningún talento para escribir ni había hecho ningún curso de escritura en aquella época. No conocía a nadie que trabajara para empresas de jurado. En otras palabras, no tenía un "empujón".

Mi primer experimento comenzó cuando mi marido expresó su deseo de tener un motor fueraborda, ya que le gustaba pescar. Me llamó la atención sobre un concurso patrocinado por una empresa de refrescos: los premios eran motores fueraborda. El requisito era escribir, en veinticinco palabras o menos, por qué te gusta llevar 'Coca-Cola' en tus salidas.

Mi respuesta fue la siguiente: "Llevo Coca-Cola en mis salidas porque soy un pescador solitario y Coca-Cola es mi compañera silenciosa, que no aporta nada más que un refrescante disfrute cuando se necesita".

Se me ocurrió esta idea al imaginar a mi marido, así que naturalmente escribí desde su punto de vista. Lo cierto es que le gustaba ir a pescar solo, hasta que nuestros dos hijos tuvieron edad suficiente para salir de pesca con él.

Tres semanas después del cierre del concurso, sonó el teléfono y un representante de la empresa nos informó de que ¡habíamos ganado un motor fueraborda!

Confieso que antes de que se anunciara que había ganado, cada vez que se me pasaba por la cabeza pensar en el concurso o en el motor, me "convencía" una y otra vez que ganaría. Estaba tan decidida a ser positiva que incluso me preguntaba:

— Me pregunto cuándo nos avisarán que ganamos —.

No tenía dudas negativas, como "Seguro el concurso está amañado". (Tampoco me pasó por la cabeza que no tuviera suerte o que sólo ganaría la gente inteligente. (Ahora bien, ¿cómo se adquiere la inteligencia? ¿Por qué se trabaja en ello?) Así que, como ven, me negué a albergar cualquier duda negativa.

PASO NÚMERO 2: Nunca albergues dudas.

Esto anula todas las corrientes buenas, fuertes, poderosas, positivas.

El segundo concurso al que me presenté era de tipo jingle, en el que había que completar la última línea de una frase. El premio era un segundo teléfono instalado en casa con las facturas pagadas durante un año. Pensé en lo cómodo que sería tener un teléfono instalado en la cocina, ya que pasaba la mayor parte del tiempo en esa parte de la casa.

El Concurso: ¿Lo Quieres? Lo Tienes

Cuando envié mis tres participaciones, utilicé el mismo pensamiento positivo que había aplicado a mi "victoria del motor". Sabía que iba a ganar y me pregunté cuánto tardaría la empresa en informarme.

Pasaron cinco semanas desde el cierre del concurso hasta que recibí la carta en la que se me comunicaba que había ganado. No tenía forma de saber qué participación había ganado realmente.

Sin embargo, en ese tiempo, decidimos mudarnos a una casa más grande y nos trasladamos de Grand Prairie a Irving, Texas. La empresa que patrocinó el concurso telefónico fue tan amable que nos mandó un cheque en lugar del servicio telefónico por un año.

A estas alturas, la familia estaba bastante impresionada con su madre, que sólo había hecho dos intentos de participar en concursos y había ganado ambos. En el siguiente intento de ganar concursos, la familia se unió.

Nuestra hija, que entonces tenía doce años, me pidió una bicicleta. Me llamó la atención el anuncio de un concurso en la sección cómica del periódico dominical. El requisito era ponerle nombre a un poni. Esta vez nos dejamos llevar tanto que presentamos siete propuestas. Ganó una bicicleta azul de niña cuatro semanas después del cierre del concurso. No teníamos forma de determinar cuál de los nombres impresionó realmente a los jueces, pero nos divertimos mucho siendo creativos y acuñando nombres originales y aptos. Los nombres que enviamos fueron los siguientes: Foot-Prince (*Príncipe Pesuña*), Him BUCK-too (*El Boleto Ganador*), Fancy Prance (*Saltitos Elegantes*), Stirrup Dust (*Estribo Polvoriento*), Stan Pedro (*San Pedro*), Twinkle Toes (*Pies Brillantes*) y Prance Charmin' (*Príncipe Saltador*).

Nuestro hijo de ocho años, Chris, fue el siguiente en presentar su oferta. Él también quería una bicicleta nueva y reluciente. En ese momento se estaba celebrando un concurso de dulces y los premios principales eran bicicletas. Debíamos completar, en quince palabras, por qué nos gustaba su dulce producto. Una vez más, hicimos un proyecto familiar de escribir ideas y, en esta ocasión, presentamos cuatro respuestas. Ahora los niños estaban tan seguros que íbamos que ganar que todos esperábamos ansiosos a que el cartero nos trajera la carta que lo haría oficial. Nos dimos cuenta de que los ganadores tardaban entre dos y seis semanas en recibir la notificación. Y, por supuesto, ganó la bicicleta.

Esta vez nos interesaba saber cuál de las respuestas había ganado. Se nos ocurrió este método: presentamos la primera respuesta con su nombre completo, Chris Vince Hadsell; para la segunda respuesta, utilizamos sólo Chris Hadsell; la tercera respuesta fue Chris V. Hadsell, y la cuarta fue C. V. Hadsell. De este modo, pudimos determinar las quince palabras ganadoras. Fueron: "Tan coloridas, buenos, tan agradables y regordetas; son pastillas masticables para el bajón de mediodía".

La carta en la que se le comunicaba que había ganado iba dirigida al nombre que utilizamos para enviar esta entrada. Describíamos por qué nos gustan los trozos de regaliz recubiertos de caramelo. Los concursos infantiles son estupendos para fomentar la ayuda familiar.

La idea de identificar las respuestas de esta manera no fue original nuestra, ya que más tarde nos enteramos de que varios concursantes utilizaban este método para identificar sus participaciones y saber cuál de sus "cerebritos" había ganado realmente el premio.

El Concurso: ¿Lo Quieres? Lo Tienes

En aquella época, había tantos concursos y tantos premios que uno podía elegir a cuál presentarse. Tal vez, en cambio, sólo habíamos tomado más conciencia de las oportunidades de obtener las cosas que nos gustaría tener en la vida.

Incluyo esto para quien vea esto como suerte. El hecho de que ganáramos la primera vez que participamos nos ayudó a ganar confianza. Hay un viejo cliché que dice así: "Si a la primera no lo consigues, inténtalo de nuevo". Si no hubiera ganado en mi primer intento, creo que mi actitud positiva me habría impulsado a seguir participando de todos modos

Desde entonces me he dado cuenta de que con una perspectiva de pensamiento positivo no hay fracaso, sólo un retraso en los resultados. (Piénsalo). La facultad de visualizar desempeñó un papel protagonista en los objetivos que deseaba alcanzar.

Recomiendo, para jugar con éxito a cualquier juego, entrenar la facultad de visualizar.

Si el premio nos atraía, trabajábamos en ese concurso para ganar. Basta decir que ganamos bates, pelotas, radios, muñecas, juegos, electrodomésticos y premios en efectivo. En otras palabras, lo que fuera, lo ganábamos. En aquella época me negaba a participar en concursos que ofrecieran viajes porque me daba miedo volar. Ya me había dicho a mí misma que si ganaba un viaje, no lo aceptaría. Así que nunca le di importancia ni energía a ese tipo de concursos. En otras palabras, me conformaba con las comodidades como mantas, bicicletas y lo básico. Pero eso pronto cambió.

El día que nuestros dos hijos, Dike y Chris, vieron un concurso para un viaje al rancho de un tipo en Arizona, dijeron:

— Vaya, eso podría ser divertido para la familia —. Yo quería ir, pero volar estaba descartado; a pesar de eso, participamos en el concurso.

En resumen, ganamos el viaje. De nuevo, el concurso pedía a los niños que pusieran nombre a un poni. Presentamos los mismos nombres que usamos en el otro concurso y vimos que esta vez el ganador fue Stan Pedro (*San Pedro*). Cuando llegaron los formularios sobre los horarios de vuelo, pedí que nos dejaran ir en tren. Me negué a ir en avión. No me di cuenta que volar era un acuerdo preestablecido para los ganadores; había que volar. Cuando me negué, nos descalificaron. En su lugar, recibimos un lindo premio de segundo lugar que era una cámara de video. Mis hijos estaban muy decepcionados.

NOTA: Helene tuvo suerte. Normalmente, si rechazas un premio, no ganas nada. Queda a discreción del patrocinador si decide ofrecerte un premio alternativo.

Cuando tuve tiempo de considerar la inmadurez de mi infundado miedo a viajar en avión, tuve que hacer un poderoso pensamiento positivo para convencerme de que los aviones son seguros. Me dije que disfrutaría volando y que, en el futuro, me presentaría a concursos y competiría por viajes porque serían divertidos. En otras palabras, me estaba engañando a mí misma para conseguir el gran ascenso.

Al final me convencí a mí misma, con todo ese pensamiento positivo, de que la única manera de morir era volando. Lo llamé el programa "Muere mientras vuelas", sabiendo que mis miedos morirían cuando realmente experimentara la aventura. Mientras tanto, estaba muerta de miedo. Qué desafío. Qué conflicto. ¡Vaya!

PASO NÚMERO 3: Puedes engañarte a ti mismo con cualquier cosa.

Repitiéndolo una y otra vez, una y otra vez. Hasta que un día, se inculca en tu pensamiento.

Así es. A veces lleva más tiempo, pero he descubierto que es un método muy eficaz y seguro una vez que lo incorporas a tu programa de pensamiento consciente.

El verano siguiente se volvió a ofrecer un viaje familiar a un rancho en un concurso infantil y, esta vez, informé a la familia sobre que esas serían nuestras vacaciones de verano. Este concurso, en concreto, estaba patrocinado por una empresa de frijoles estilo rancho. Sólo había que poner el nombre en el reverso de una etiqueta. Era un concurso tipo sorteo. Por supuesto, lo ganamos, y por supuesto, volamos. Decir que no tenía miedo sería una gran y enorme mentira. Recuerdo que durante todo el viaje estuve en trance, convenciéndome a mí misma de lo estupendo que era. (¿Quién era yo para decirles que, si Dios hubiera querido que voláramos, nos habría dado alas?).

La familia se lo pasó tan bien que no pude privarles de los futuros viajes llenos de diversión que ahora esperaban. También me reprogramé y me dije a mí misma que en el próximo viaje abriría los ojos y me comería la comida que me sirvieran.

Al año siguiente, ganamos el primer premio de un viaje familiar a Disneylandia: mi hijo pequeño, Chris, "el niño-volador", insistió en que ganáramos viajes. (Es Aries y, por alguna razón, siempre estaba por los aires). Le insistimos para que dibujara el bicho más feo que pudiera hacer para este gran premio. Fue uno de los momentos más divertidos de la familia Hadsell. El viaje fue tan agradable que podría haber besado a los jueces y a los patrocinadores. (¡Imagínate besar a perfectos desconocidos! Todavía no he conocido a ninguno).

En toda nuestra experiencia ganando concursos, los premios siempre eran más de lo que habíamos esperado. Si ganábamos un electrodoméstico, siempre era el último modelo. Los representantes de las empresas eran muy amables y, por lo general, conseguíamos cosas que no estaban en la lista de premios. Por ejemplo, nuestro viaje a Disneylandia estipulaba un viaje para una familia de cuatro miembros; hay cinco Hadsells; pero nos incluyeron a todos, nos dieron libretas de ahorros extra para las actividades del parque, además de un generoso préstamo para gastos. Fue precioso.

¿Lo Quieres? Lo Tienes

EL CONCURSO: ¿LO QUIERES? LO TIENES

QUE GANE MI HERMANO MAYOR
ES MÁS PATRIOTA QUE YO

Después de las vacaciones familiares de cinco días en el rancho y el viaje a Disneylandia, a los chicos se les abrió el apetito para seguir viajando y ganar viajes.

La siguiente oportunidad que se presentó para viajar, y que además resultó interesante, estaba dirigida a estudiantes de secundaria.

Los requisitos eran redactar un ensayo de doscientas cincuenta palabras sobre "Mi responsabilidad con América". Dos ganadores de cada estado ganarían un viaje a la capital de la nación para visitarla durante tres días y escuchar a los funcionarios del gobierno. El concurso estaba patrocinado por Rexall Drug Stores: Un día me fijé en los formularios de la tienda y me traje uno a casa.

Esa noche, durante la cena, les expliqué el concurso a los chicos y les expliqué lo ventajoso que sería visitar Washington D.C. Les pregunté a cuál de ellos le gustaría hacer el viaje.

Los dos se lo pensaron un momento y Chris dijo:

— Que gane mi hermano mayor. Es más patriota que yo —.

— De acuerdo, el plazo termina dentro de ocho días, así que será mejor que lo pienses seriamente y lo pongas por escrito —, le sugerí.

Permítanme decir que, incluso después de varios años concursando, seguía siendo yo quien estimulaba el interés que hacía falta para echar a rodar uno nuevo. La dinámica familiar de ofrecer ánimos, sugerencias e ideas, más su pensamiento positivo, lo convirtieron en una actividad juguetona familiar de lo más gratificante.

La entrada de Dike era tan sincera y cálida que, cuando la leí, sólo pude encontrar un error. Fue en la ortografía. En mi opinión, fue un ganador seguro. Solo hacía falta que los jueces lo hicieran oficial.

Esa noche cenamos con amigos de fuera de la ciudad.

Normalmente, dejo que mi marido, Pat, lea las gemas de sabiduría (nuestras propuestas) antes de lamer el sobre y enviarlas a impresionar al jurado. Aquella noche, estaba muy orgullosa de la originalidad, la sinceridad, la agudeza de pensamiento y la claridad de presentación de Dike (aspectos por las que se juzgaría el trabajo). Tenía que compartirlo con nuestros invitados. Les pregunté si querían ver un adelanto de la obra ganadora, con la que nuestro hijo podría ganar un viaje a Washington D.C. Al principio, pensaron que estaba bromeando, pero después de leerla, me di cuenta de que estaban impresionados.

Cuando uno de los invitados me devolvió el ejemplar, me preguntó:

— Oye, esto es estupendo, pero ¿cómo puedes estar tan segura que ganará el viaje? —.

Sinceramente, uno puede cansarse un poco con todos los "Tomáses Dudosos" rondando por ahí. Espero, por su bien, que no haya demasiados en su entorno.

Si hubiera sido una jugadora, habría hecho una apuesta. En lugar de eso, le dije:

— Dale a Dike tu dirección para que te envíe una tarjeta mientras está en Washington, D.C. —.

No lo volveré a hacer, porque parecía que conocía a los jueces o tenía alguna influencia y despertó sospechas. Así que eso es un NO- NO: NO jactarse antes de embolsarse... ¡Recuérdalo!

Dike recibió la notificación de que había ganado el viaje cuatro semanas más tarde. Se trajo a casa muchas experiencias interesantes que compartió con nosotros. (Este fue su primer viaje sin la familia).

Mandé una historia en el periódico sobre su viaje a nuestros invitados de aquella noche, simplemente pensé que debían saberlo.

— Todo lo que él pueda hacer, yo puedo hacerlo mejor —, era ahora la actitud de nuestro hijo menor, Chris.

Muy pronto tuvo la oportunidad de demostrar su creatividad. Una empresa de palomitas patrocinaba un concurso en el que se pedía a los niños menores de catorce años que dibujaran un original de un hombre palomitero. El premio máximo era un viaje gratis a la Feria Mundial para ese niño y un adulto. Además del billete de avión con todos los gastos pagados y tres días de estancia en un hotel del centro de la ciudad, el ganador recibiría ciento cincuenta dólares para sus gastos. ¡Iría a la Feria con él! Las cosas iban viento en popa y estallaban un montón de ideas "cursis" (que íbamos descartando), pero cuando llegó el momento de concentrarnos en una idea, dimos con la ganadora. Fue una de las tres mejores del país.

Ese año vimos la Exposición Universal.

— ¿Puedes superar esto? — fue entonces el reto de Chris a su hermano a su regreso de la aventura de la Feria Mundial.

— Dame tiempo, hermanito —, fue la respuesta de Dike.

Entonces apareció en escena, un viaje justo a la medida de Dike. Iba a graduarse de la escuela superior en junio, y un mes antes de que acabaran las clases, apareció el concurso. Noventa jóvenes tendrían la oportunidad de recorrer Europa durante seis semanas. Viajarían por todo el continente a pueblos remotos en tren, avión, barco y bicicleta.

La compañía Wrangler Jean patrocinaba éste. El requisito era escribir un resumen de cincuenta palabras sobre por qué creía que podía ser un "Embajador de Buena Voluntad" de Europa. Escribió su resumen e inmediatamente después se preparó para viajar sacando su pasaporte y poniéndose las vacunas necesarias. Cuando digo que somos positivos, también quiero decir que estamos preparados.

NOTA: Este consejo es importante porque estar preparado le dice al Universo que te tomas en serio recibir la abundancia que te ofrece y que estás listo para alcanzar tus metas y sueños ahora.

Un día antes de la graduación, recibió el telegrama: estaba en el equipo ganador. La experiencia de la gira sigue considerándola como uno de los acontecimientos más especiales de su vida. Todavía se mantiene en contacto con varios jóvenes que conoció en la excursión. A su regreso, mientras Dike compartía su diario de viaje y nos mostraba diapositivas de los lugares que había visitado, Chris anunció:

— Vaya, qué emocionante; me toca a mí ir a Europa el próximo verano —.

Un concurso de Clearasil hizo posible que su deseo se cumpliera. El siguiente mes de julio, viajaba a Europa en lo que él llamaba "Un viaje donde sólo la élite se reúne, saluda y come". Era un viaje en primera clase: afirmaba que nunca había visto lugares tan lujosos ni había comido platos tan exóticos.

Este concurso en concreto era un sorteo. El número de inscritos en este tipo de concursos es fantástico: algunos han llegado a alcanzar las 300.000 inscripciones. Sólo se seleccionaron treinta jóvenes, quince chicas y quince chicos. También tenía preparado su pasaporte y las vacunas requeridas antes de la notificación oficial de la victoria. Si tienes una actitud positiva, haz alarde de ella, pero sólo en el entorno familiar.

Como he dicho antes, los cinco Hadsell se dedicaron a ganar concursos con una actitud positiva.

EL CONCURSO: ¿LO QUIERES? LO TIENES

Mi hija, Pam, también tuvo su momento para brillar. Le interesaban las recetas y las obras de arte.

Ganó premios en efectivo presentando recetas a numerosos concursos nacionales y locales. Con uno de sus trabajos, la familia ganó una biblioteca casera completa compuesta por quince volúmenes de Childcraft y veinte volúmenes de la La Enciclopedia del Mundo.

En un concurso de arte, su talento nos hizo ganar un equipo de música. Gracias a su creatividad, conseguimos radios. Pam, en una fase de los concursos de juegos y diversión, declaró tras ganar cinco pares de patines:

— Tengo la impresión de que estoy haciendo girar mis ruedas —.

Después de presentar una propuesta y ganar un elaborado juego de trenes eléctricos para los chicos, le dimos ánimos diciéndole que realmente iba por el "buen camino".

Todo Llega A Quien Lo Espera

Los pensamientos son cosas.
Helene Hadsell

Un año, antes de la deslumbrante Navidad, mi marido me preguntó qué quería para Navidad. En aquel momento, necesitaba un sartén eléctrico. Ya disfrutaba de una plancha de vapor, gracias a Proctor Silex; una nueva tostadora de la generosa Sunbeam; una nueva cafetera que me regaló Corning Ware y una manta eléctrica, cortesía de General Electric. Ah, sí, también tenía un cuchillo eléctrico, un abrelatas, una batidora y cepillos de dientes de otros patrocinadores.

Le dije a mi amado esposo que no comprara un sartén, ya que estaba segura de que ganaría uno en breve. En ese mes, había participado en varios concursos con prioridad en ese premio en particular.

Cuando llegó la mañana de Navidad, la caja grande y cuadrada que había bajo el árbol contenía un sartén eléctrico. Mi marido me lo había comprado.

Entre el 1 y el 20 de enero, recibí noticias de tres patrocinadores diferentes, todos felicitándome por haber ganado su premio: ¡un sartén eléctrico! Qué alegría. Ahora podía regalarlos.

Una primavera, tuve la idea de remodelar mi cocina. Estaba dando a todos los gabinetes una nueva capa de pintura amarillo pálido. Una mañana, después de la entrega del correo, estaba hojeando una revista, disfrutando de mi café matutino, cuando me fijé en la página treinta y dos: la exposición del concurso Westinghouse. Entre todos los electrodomésticos que aparecían, pude ver la majestuosa estufa Coppertone, un complemento perfecto e imprescindible para mi proyecto de redecoración de la cocina. De alguna manera, mi estufa blanca de ocho años había cumplido su función y ahora parecía antigua. Sabía que podía contribuirla a la subasta de recolección de fondos de la iglesia. De forma ordenada y discreta, encontré el lugar perfecto para ella.

En el concurso de Westinghouse se ofrecían mil quinientos premios. Los diez primeros premios eran lavadoras completas. Los diez segundos eran refrigeradores con congelador. Los diez terceros premios eran estufas de colores; otros premios eran televisiones portátiles y pequeños electrodomésticos.

No preste atención a todos los premios excepto a la estufa. El reglamento decía que había que escribir una declaración de veinticinco palabras sobre por qué te gustaban los productos Westinghouse. Estaba tan entusiasmada que esa misma tarde presenté cinco trabajos.

Esta vez la espera se me hizo larga porque participé inmediatamente. (Normalmente, un concurso se anuncia y promociona varios meses antes de la fecha límite. Después de la fecha de cierre, hay un periodo de dos a seis semanas antes de que se notifique a los ganadores).

Mientras tanto, cosí cortinas para las ventanas de la cocina e instalé el suelo nuevo que había ganado en un sorteo local. Cada vez que miraba mi estufa, me imaginaba una nueva y estilizada estufa Coppertone en su lugar.

NOTA: A medida que muchos concursos se han trasladado a Internet, el tiempo medio de espera desde el principio hasta el final se ha acortado drásticamente.

En aquella época conocí a varias personas cuya afición eran los concursos. Compartíamos ideas, hablábamos de concursos y de dónde encontrar formularios en blanco. Incluso formamos un club que se reunía una vez al mes para animarnos mutuamente.

NOTA: Existen cientos de clubes de sorteos por todo Estados Unidos y Canadá. Puedes encontrar enlaces a algunos clubes en mi sitio web Contest Queen. http://bit.ly/SweepstakesClubs

Un día, unos cinco meses después del cierre del concurso, una amiga me llamó para informarme de que le acababan de notificar que era la ganadora de una televisión portátil. Más tarde, tuve noticias de varios ganadores de Westinghouse de la zona. Yo no había oído nada.

Supuse que no había llegado a tiempo, pero independientemente de Westinghouse, definitivamente tendría la estufa en mi cocina. Estaba tan segura de ello que ya casi podía tocarla. Así de vívido y real se había vuelto para mí. No dejaba de pensar en la frase "los pensamientos son cosas". Estaba convencida sobre que, si se envía suficiente energía mental positiva, las cosas acaban manifestándose en lo físico. Otra frase muy reconfortante, y que debería incorporarse a su pensamiento, es: "**Todo lo que la mente puede concebir, y creer, lo puede conseguir**". Me propuse demostrármelo a mí misma una y otra vez.

A mediados de semana, recibí un sobre tamaño oficio con una carta de felicitación y un cheque de 1.000 dólares. Era la ganadora del segundo premio de un concurso de pintura en aerosol que ofrecía todos los premios en dinero. ¡Qué alegría! ¿No lo ve? Ahí estaba mi "estufa", y con dinero de sobra.

Cuando me emociono, lo primero que hago es llamar a mi marido para que comparta mi entusiasmo. Mi frase inicial suele ser:

— No me lo vas a creer —. Su respuesta suele ser:

— Pruébame, chica; aún no lo he oído todo —.

Compré la estufa Coppertone y la instalé al día siguiente. Estaba tan contenta con el "Proyecto Estufa". Cualquiera diría que había caído del monte Olimpo.

Diez días después, recibí otra carta. Era de WESTINGHOUSE. Decía que, en el proceso de adjudicación de premios, alguien había pasado por alto notificarme que había ganado el tercer premio: ¡una estufa!

Me quedé aturdida. Si alguna vez uno es capaz de descolocarse, éste podría haber sido el momento perfecto. El jefe de distrito me llamó varios días después para preguntarme cuándo podía recibir la estufa.

Le expliqué la reciente compra de la estufa.

— No, no compré la marca Westinghouse. Me topé con una liquidación de estufas en Sears y encontré una casi igual al modelo Westinghouse, pude ahorrar $85.00 por debajo del costo usual —.

El jefe de distrito fue muy amable y comprensivo. Si hubiera comprado una estufa Westinghouse, me habrían reembolsado el precio total de venta al público. Así obtuve una lavadora-secadora nueva en lugar de una estufa. No fue demasiado dramático, porque no había considerado una lavadora-secadora.

Un fin de semana fuimos a la Feria Estatal de Texas, en Dallas. Me quedé intrigada con las televisiones a color y sus imágenes nítidas, coloridas, claras y definidas. Fue entonces cuando se me ocurrió que nuestro próximo proyecto sería ganar una televisión a color. Reuní todos los pensamientos positivos que pude conjurar, encendí la facultad de imaginación y sustituí nuestra unidad de veintiuna pulgadas en blanco y negro por un aparato a color. Hablé de nuestro próximo proyecto con la familia y todos estuvieron de acuerdo en que era fácil pensar en una "televisión a color para el 603" (el número de nuestra casa) cuando nos acordábamos de la **televisión**.

Entonces ocurrió: ganamos nuestra primera televisión. Chris ganó un aparato portátil de dieciséis pulgadas en blanco y negro por ponerle nombre a un pato en un concurso infantil. Unas tres semanas después, yo gané una televisión portátil de catorce pulgadas en un concurso de radio local. También era en blanco y negro. Ahora bromeábamos y comentábamos que quizá no nos concentrábamos lo suficiente en el "color". Acordamos pensar más en el **color**.

La siguiente oportunidad que se presentó fue un concurso de subtítulos. En diez palabras, teníamos que adivinar lo que decía un bebé. Uno de los periódicos patrocinaba este concurso de humor. Los únicos premios que se ofrecían eran televisiones a color y aparatos portátiles en blanco y negro. Esta vez, estaba tan segura que ganaría.

Por supuesto, lo logré, pero, demonios, otro aparato en blanco y negro. Me negué a desanimarme por lo que podría considerarse un fracaso y no me rendí. Llegó a ser una gran broma en casa de los Hadsell: "Mamá es daltónica" o "No tiene conciencia del color".

Después de dos años buscando una televisión a color, al final me rendí y me compré uno. No fue nada divertido. Ya sé que no hay fracasos, sólo retrasos en los resultados, pero ese retraso fue, sencillamente, ¡demasiado tiempo!

El enero siguiente, mi marido voló a California por negocios. Quería que lo acompañara para ver algunos programas de televisión en vivo. Parecía muy divertido y lo pasamos muy bien durante el fin de semana, ya que asistimos a varios programas en vivo.

El lunes, mientras él hacía negocios, yo tenía el día libre. Decidí ir a los estudios de la NBC con la esperanza de tener la oportunidad de volver a ver o hablar con Art Linkletter.

¿Puedo salirme por la tangente y explicar por qué quería volver a verle? El año que ganamos el viaje a Disneylandia, había prolongado mi visita unos días. Una antigua vecina se había mudado a la soleada California y me invitó a quedarme, visitarla y ser su huésped. Tuve la oportunidad de ver algunos de los programas de televisión en vivo.

Vi el Show de Art Linkletter en alguna ocasión y siempre me pareció un programa sincero, sano y entretenido. También tenía esperanzas de participar algún día en algún programa. (Una característica mía: soy una fanfarrona).

NOTA: Me imagino cómo habrían sido las payasadas de Helene si hubieran existido YouTube o TikTok en su época.

Mi amiga consiguió entradas. La noche antes de ir al estudio a ver el espectáculo, de repente, sentí un gran deseo de estar en el programa. Mientras dormía, tuve un sueño. Fue muy vívido: El Sr. Linkletter me elegía de entre una gran audiencia y me invitaba a participar en su programa. (Muy interesante porque fue, exactamente, así como ocurrió).

Después de que el público se sentara, antes del programa, yo esperaba que mi sueño se hiciera realidad. El Sr. Linkletter subió al escenario, miró al público, se acercó a donde yo estaba sentada y, en medio de los cientos de personas presentes en el auditorio aquel día, me preguntó:

— ¿No te conozco? —.

Supongo que me quedé muda por un momento porque estaba sucediendo tal y como lo había visto en mi sueño. Qué sensación tan irreal.

— No, es mi primer viaje a Hollywood —, le contesté.

Me preguntó si me gustaría tener un regalo de Navidad muy especial.

— Claro —, le contesté.

Me acompañaron al centro del escenario y me pusieron delante una caja enorme. Debía abrirla para que los telespectadores y el público pudieran ver mi regalo. Fue toda una sorpresa. (No, no era una televisión a color.) Cuando levanté la tapa, apareció un pequeño Santa Claus, que me dio un susto de muerte. Después de recuperar la compostura, me regaló un reloj precioso. El programa se transmitió el día de Navidad, así que toda mi familia y amigos fueron testigos de mi debut en televisión.

Ahora era una celebridad, así que ya no tenía que desear ese GRAN ACONTECIMIENTO. Después del programa, el Sr. Linkletter se acercó a donde yo estaba sentada y volvió a preguntarme si estaba segura de que nunca nos habíamos visto antes de ese día. No pensarán que le dije que había soñado con esto. Por supuesto que no lo hice. Desde aquel episodio, he investigado y leído bastante sobre telepatía, proyección de sueños, regresión a vidas pasadas, experiencias de antepasados, etc.

Pensé que sería interesante conocer la opinión del Sr. Linkletter sobre el tema. Sin embargo, no tuve la oportunidad durante mi última visita. Tal vez, algún día, pueda tener la oportunidad. Eso espero.

Ahora, vamos a retomar la historia que estaba compartiendo con ustedes antes sobre la visita a los estudios de la NBC. Mientras hacía el recorrido por el estudio, vi que se formaba una cola al lado del edificio. La gente esperaba para entrar en el estudio y ver cómo se grababa un programa.

Pregunté cómo podía ser admitida y me encontré en la fila con el grupo de espera. El nombre del programa era It's Your Bet (*Es Tu Apuesta*). Ese día iban a rodar cinco programas de media hora. La semana siguiente los emitirían, uno cada día. Uno podía ganar premios si, número uno; te elegía la cámara que hacía zoom entre el público y se detenía en ti; número dos, si la celebridad que estaba jugando al juego (era algo así como percepción extrasensorial) podía, en secuencia, responder correctamente a tres preguntas que su compañero ya había hecho al presentador que conducía el programa. Es como el programa de televisión The Newlywed Game (*El juego de los recién casados*). Si todas las respuestas eran dadas correctamente por el participante del juego, el jugador del público recibía el premio que aparecía en el tablero antes del juego. Podía ser un frigorífico, una televisión a color, una lavadora, etc., pero sería un electrodoméstico importante.

Si fallaban una, el premio sería de bastante menor valor: un electrodoméstico portátil. Si no respondían correctamente a ninguna, ése sería su premio: nada.

Sonaba interesante y, desde luego, era un reto muy divertido. No tenía nada que hacer hasta las cinco de la tarde, hora en que había quedado con mi marido.

Mientras esperaba, conocí a una madre y a su hija, que estaban delante de mí en la fila. Empezaron a hablar de la posibilidad de ser elegidas para uno de los premios. Ellas conocían el programa y yo no. Me dijeron que llevaban años participando en concursos y que aún no habían ganado ningún premio.

— Muérdete la lengua, Helene —, dijo una voz interior. — No hables hasta que puedas demostrarlo —, me sugirió.

Al escuchar sus historias de fracaso, me di cuenta de por qué no habían ganado. Era evidente. Claro que <u>querían</u> ganar, pero en lugar de ser positivos, tenían dudas. No negación o pesimismo, sino la suficiente duda como para anular cualquier energía positiva que pudieran haber tenido al presentarse a un concurso.

Llamo su atención sobre esto porque es lo que la mayoría de la gente es culpable de hacer. Dicen que son positivas, pero de alguna manera no retienen esta poderosa energía constantemente, hasta que sus deseos o anhelos se manifiestan.

Esta era la oportunidad perfecta para hacer un experimento positivo. Quería que estas encantadoras personas ganaran sus deseos. La madre quería una televisión a color y la hija expresó su deseo de tener un refrigerador nuevo. Fue entonces cuando encendí a todo volumen mis conceptos sobre lo genial que me parecía el pensamiento positivo y les pregunté si querían participar en un juego utilizando el pensamiento positivo y la visualización. Aceptaron, pero pude percibir que pensaban: "¿Qué tenemos aquí, una chiflada?".

Para ser justos, debo admitir que el público del estudio no era demasiado numeroso: como estimación, diría que unas cuarenta y cinco o cincuenta personas. Así que eso reducía considerablemente las posibilidades. Les dije que se mantuvieran pasivos y que no proyectaran ninguna energía positiva hasta que el objeto que querían apareciera en la pantalla. Cuando eso ocurriera, debían saber (pensar) que serían elegidos por la cámara de la casa para optar al premio y ser el ganador. Estuvieron de acuerdo

Les sugerí que después de ser elegidas miraran las respuestas dadas por el compañero que participaba en el juego y luego proyectaran mentalmente esa respuesta a la persona que debía dar la respuesta correcta. En otras palabras, simplemente jugar a la telepatía mental. Les aseguré varias veces que era un juego y, que, si los tres seguían las reglas, ganarían los premios.

— ¿Qué tienen que perder? Será más interesante ver el juego así —, seguí explicando.

Entonces empezó la diversión y el juego. El primer premio, que estaba proyectado en el tablero, era un servicio de plata con un surtido de vino y una provisión de vino para un año. Sabíamos que no lo queríamos, así que no mostramos ninguna preocupación. El siguiente premio para la persona del público era una televisión a color. Pude ver cómo ambas se animaban. Al minuto siguiente, la cámara del estudio enfocó a la madre. Puede estar segura que se sobresaltó. Se giró para dedicarme una débil sonrisa como diciendo: "Bueno, lo haré". Los actores en el escenario hicieron su parte.

Estoy segura que, tanto la madre como la hija, enviaron las respuestas a la persona que jugaba y, por supuesto, yo también lo hice. Las tres preguntas fueron contestadas correctamente.

La hechizada, molesta y desconcertada ama de casa de Ohio ganó su primer premio: una televisión a color. Los juegos continuaron y se ofrecieron premios sin importancia. Se nos informó que habría una hora de descanso para comer. El programa continuaría después del almuerzo. Había que grabar tres programas más. Las tres cruzamos la calle para comer algo. Fue entonces cuando la hija hizo la pregunta; yo sabía que estaba bastante preocupada por ello. ¿No creía que todo era una coincidencia? Estuve de acuerdo en que ciertamente lo parecía. Entonces, ¿le gustaría ganar ahora su frigorífico por casualidad?

— Sí, hagámoslo otra vez —, respondió

Cuando volvimos al estudio, el público se había triplicado. Cuando se dio cuenta, se le notaba preocupada. Luego me dedicó una débil sonrisa y se relajó. El primer premio que apareció en la pantalla para el público fue su refrigerador. La persona a la que la cámara enfocaba no era otra más que la sorprendida hija.

Cuando empezó el juego de telepatía mental, fue divertida la rapidez con la que los jugadores captaban las respuestas. Y, por supuesto, ella fue la ganadora del refrigerador. Bueno, ¿qué te parece, otra coincidencia? Tal vez. El único detalle es que nunca he creído en las coincidencias ni en los accidentes.

Después de grabar y terminar el programa, tuvimos un descanso de diez minutos antes de que empezara el siguiente. La madre y la hija me preguntaron qué me gustaría ganar. Me aseguraron que me ayudarían. En aquel momento, me lo estaba pasando tan bien ayudando en sus proyectos que ya tenía mi recompensa. Se fueron.

Todavía me quedaban dos horas antes de reunirme con mi marido, así que me quedé para seguir viendo el juego. Sentada entre el público, podía sentir al grupo. Ninguno, a mi parecer, tenía un fuerte deseo de ganar un electrodoméstico.

En el concurso de Westinghouse se ofrecían mil quinientos premios. Los diez primeros premios eran lavadoras completas. Los diez segundos eran refrigeradores con congelador. Los diez terceros premios eran estufas de colores; otros premios eran televisiones portátiles y pequeños electrodomésticos.

Tal vez no lo necesitaban; ¿quién sabe? Pero me puse inquieta y aburrida hasta que recordé que mi querida y anciana madre había mencionado varias veces en sus cartas, que algún día le gustaría tener una televisión a color.

Así que allá voy de nuevo. La cámara me enfocó. Las respuestas correctas fueron enviadas a los jugadores. Admitiré que me preocupé un poco por un momento cuando uno de los jugadores quiso dar la respuesta incorrecta. (Suspiro). Hizo una pausa y luego dio la correcta. Gracias a las encantadoras personas del panel, mi madre pudo disfrutar de una televisión a color.

— Vaya, eso es brujería —, estarán suponiendo algunos de ustedes.

Pero, por supuesto, no lo es. Llamémoslo como realmente es: DESEO. Pero analicemos esta situación: los premios estaban ahí para quien los deseara; los jugadores del juego tenían libre albedrío: podían aceptar o rechazar cualquier cosa que se les sugiriera mentalmente.

Pregunta: ¿Qué pasaría si varias personas compitieran por el mismo premio?

Respuesta: La que emitiera más energía positiva. Pregunta: ¿Puede hacerlo cualquiera?

Respuesta: Se está haciendo todos los días, de todas las maneras. Ya es hora de que se tome conciencia de ello.

Cuando me di cuenta de la poderosa herramienta que uno tiene cuando usa su mente con control, incorporé a mi conciencia esta fraseología:

"Siempre utilizaré mi poder de la mente para fines constructivos, creativos, para todo lo que sea bueno, honesto, constructivo y humanitario. Nunca utilizaré estos poderes de la mente para nada que sea destructivo o dañino para nadie".

Si ésa fuera mi intención, no podría funcionar con estos poderes.

Esto lo digo con toda sinceridad, pues en mis continuas investigaciones, soy consciente de que esta poderosa energía puede canalizarse para curaciones físicas, para animar a los deprimidos y puede beneficiar a cualquiera que pida ayuda.

Hace varios años, leí por casualidad una cita expresada por un hombre llamado Frank Outlaw. Me gustaría compartir sus palabras con ustedes ahora.

"Cuida tus pensamientos, porque se convierten en palabras; cuida tus palabras, porque se convierten en acciones; cuida tus acciones, porque se convierten en hábitos; cuida tus hábitos, porque se convierten en carácter, cuida tu carácter, porque se convierte en tu destino"

NOTA: Esta era la cita favorita de Helene. Escríbela y pégala en el espejo del baño o en el refrigerador. Léela a diario para recordar que un pequeño pensamiento ahora, especialmente cuando se repite, conduce a tu destino final.

Sí, Sí Puedes

Tengo curiosidad por saber si una pareja cargada con tres hijos puede recuperar el éxtasis primaveral a sus cuarenta, gordos y frustrados.

Esta es la propuesta que presenté a todos los concursos que ofrecían un viaje a Europa. Me había propuesto volar alto y competir por un viaje a París, Francia.

Empecé el "Proyecto París" a principios de año. Preveía celebrar mi cumpleaños 40 en París: cumpliría cuarenta años el primero de junio de ese año.

Desde que tengo uso de razón, había oído hablar de lo pintoresco, romántico y emocionante que era París: cafés en las aceras, música y gente relajada, amable y feliz. Eso fue lo que me impulsó a escribir la entrada anterior. Quería ir a verlo por mí misma.

Por supuesto, mi marido me acompañaría. Ya se sabe que hacen falta dos, un él y una ella.

Tenía mucha curiosidad por saber si se podía recuperar el éxtasis primaveral en la ciudad de la vida, el amor y la búsqueda de algo.

Ahora me doy cuenta de que todo lo que uno hace se basa en lo que uno piensa; cuánta ensoñación o energía proyecta hacia su objetivo. Para ser justos, debo admitir que, en el momento de mi Proyecto París, estaba impresionada e influenciada por todas las cosas que había oído y leído sobre ella. Así que ya me había convencido a medias de que podía lograrlo. Ahora todo lo que necesitaba era llevar mi cuerpo allí para experimentarlo en carne y hueso y ver si se podía recuperar aquel añorado éxtasis.

Podría entrar en una larga declaración sobre lo que significa mi idea del éxtasis, pero basta decir que es una sensación despreocupada, cómoda, acogedora, fresca, tranquila y protectora. Eso, mi querido lector, es mi idea de éxtasis.

El Concurso: ¿Lo Quieres? Lo Tienes

Poco después del primer día del año comenzó un concurso de un refresco de cola. Era justo el concurso que yo había estado esperando. Los premios eran viajes a cualquier parte del mundo que quisieras ir y el diseño de la promoción tenía esta pregunta: "¿A qué lugar del mundo quieres ir y por qué?".

Yo sabía que quería ir a París y sabía por qué quería ir. Yo sabía que iba a ir a París.

No me preocupaba demasiado qué concurso lo haría posible. Tal vez vendría en forma de una suma de dinero, pero esta vez esperaría hasta mi fecha objetivo, el 15 de mayo, y entonces compraría los boletos.

Cuando se ganan premios de viajes, suelen ser paquetes y el ganador debe aceptarlos y llevárselos.

No me preocupaba demasiado a qué parte de Europa nos llevaría el concurso, porque una vez en Europa, no habría ningún problema en volar a París. Así que decidí que me presentaría a todos los concursos hasta que ganara y tenía seis meses para hacer realidad este sueño.

Había leído en algún sitio que cuanto más fuerte es tu fe, más poder tienes. Además, debes seguir utilizando el "poder de Dios" que llevas dentro, ya que así adquieres más poder.

"El poder de Dios no se agota", decía la declaración. "Es inagotable, como el aire que respiramos".

En los últimos años, los estudiantes que siguen la filosofía oriental y aspiran al crecimiento espiritual me han preguntado varias veces si no sentía que estaba utilizando mal el "poder de Dios" para cosas materiales. Además, afirmaban que, si seguía utilizando el poder, lo perdería.

Mi respuesta a esta pregunta debe venir de mi experiencia. No creo que sea un mal uso del poder mental desear cosas materiales.

Tampoco creo que sea "voluntad de Dios" castigar a nadie con el dolor, la enfermedad y la pobreza. Tal vez yo tenga un Dios diferente al de las personas que tienen esta creencia. A mi modo de ver, me gusta la frase: "Pide y recibirás, llama y se te abrirá; busca y encontrarás". Todavía no he encontrado ninguna restricción que te limite diciendo: "Pero no pidas un viaje, salud o un trabajo mejor".

Si tu forma de pensar pone trabas a este tipo de metas o deseos, entonces, querido lector, ése es sólo tu concepto. Podría escribir varias novelas sobre los conceptos erróneos que tiene la gente debido al entorno, al dogma religioso, a los sentimientos de culpa y a las formas establecidas en su forma de pensar, pero sí digo que, si han llegado a un punto sin retorno, y reflexionan o buscan razones, seguramente deben llegar al hecho de que deben cambiar sus formas. Para cambiar de camino, hay que cambiar de pensamiento.

Ahí voy otra vez, intercalando un sermón en uno de mis proyectos de diversión y juego. Mi hijo tiene una plataforma improvsada disponible para cuando me pongo a dar sermones.

Ahora sigamos con el Proyecto París. Quiero que sepan que el concurso de refrescos de cola al que presenté mi propuesta no me premió con un viaje a París. Sin embargo, me dieron un tercer premio: un órgano eléctrico Hammond. Pensé seriamente por qué gané este premio y he aquí la explicación que puede haber provocado el ganar el órgano.

Los jueces son buena gente. Algunos son serios, otros tienen humor y otros, simpatía. Me baso en el tipo de escritos que he presentado y ganado en el pasado. A veces uno puede escribir triste, alegre, mal, y a veces un poco enfadado.

Cuando los jueces del concurso del refresco de cola leyeron mi trabajo, estoy segura que encontraron originalidad, agudeza de pensamiento y claridad de presentación o no habría sido considerado uno de los principales premios.

Sin embargo, creo que cuando llegó el momento de la evaluación final, el grupo lo discutió y le preocupó que me enfadara un poco o me decepcionara si me enviaban a París y no "recuperaba el éxtasis". Quizá supusieron que lo que realmente necesitaba era terapia y ¿qué mejor manera de conseguirla que tocando el órgano?

¿Podría ser esta la razón por la que me concedieron el órgano? Nunca lo sabré, pero puedo hacer mis suposiciones, ¿no?

Ahora seguro que no piensa que me he sentido decepcionada. Recuerde que antes había dicho que nunca hay un fracaso, sólo un retraso en los resultados. Así es como me sentí en este concurso.

Como ya he dicho, hay muchos concursos todo el tiempo, pero a mí sólo me interesaban los viajes a Europa o los concursos de premios en efectivo, así que seguí participando.

El siguiente concurso que me interesó estaba patrocinado por una empresa de ropa deportiva masculina. Sólo ofrecían seis premios: seis viajes a las principales ciudades de Europa. Las reglas eran completar, en veinticinco palabras o menos, a qué ciudad le gustaría ir.

Volví a decir que quería ir a París y por qué. También envié otro mensaje diciendo que quería ir a Venecia (Italia). Estaba más allá de París y, en cuanto al premio, era la mejor oferta que se podía ganar. El viaje era en primera clase, pero sólo para una persona.

Era el 1 de mayo de ese año y aún no teníamos noticias de ningún viaje que hubiera ganado. Había ganado varios premios menores, pero ningún viaje. Conseguimos nuestras vacunas y pasaportes y también nos preguntamos por qué alguien, en algún lugar, tardaba tanto en notificárnoslo.

Varios días después, nuestro hijo Chris ganó un viaje a Nueva York para dos personas. Estábamos eufóricos al darnos cuenta que Nueva York está a medio camino de Europa desde Texas. No nos quedaba mucho tiempo para mi fecha objetivo del 1 de junio.

Fue una semana más tarde cuando recibimos el telegrama del concurso de ropa deportiva masculina. Mi marido había ganado el viaje a Venecia; podía marcharse inmediatamente si lo deseaba.

Hicimos algunos arreglos rápidos, cambiamos el boleto de primera clase por uno de turista y la aerolínea nos devolvió el dinero después de reservar el vuelo para dos personas. Funcionó de maravilla.

Chris, mi marido y yo volamos a Nueva York. Pasamos tres días en la Feria Mundial y, desde allí, nos fuimos a Europa después de enviar a Chris en un avión de vuelta a Texas.

Era el 1 de junio cuando mi marido y yo estábamos sentados en una cafetería de París bebiendo vino.

Ahora quiero que todos sepan que SÍ se puede recuperar el éxtasis primaveral, aunque se esté gordo, cuarentón y frustrado.

Cuando nuestro emocionante viaje (de tres semanas de duración) a través de hermosas ciudades europeas estaba por llegar a su fin, me sentía nuevamente en mis treintas, bonita y coqueta. Es un estado mental. Estoy de acuerdo. No se detenga hasta que lo logre.

El Concurso: ¿Lo Quieres? Lo Tienes

Ahora, Hazte El Sorprendido, Es Lo Que Esperan

Poco me imaginaba lo que me esperaba cuando acudí a la reunión del club de concursos tras mi regreso de Europa.

El grupo se reunió el primer lunes de septiembre, poco después de mi regreso de Europa.

Ahora me conocían como "La viajera" con los muchos viajes que había ganado en el área de los concursos. Debo añadir que también me 'alegraban' las muchas comodidades y conveniencias que me proporcionaban los premios en mercancías que había ganado.

"¿Puedes superar esto?" parecía ser la pregunta que ahora se presentaba.

Después de compartir mi experiencia de viaje con los miembros presentes, todos expresaron su deseo sobre que a ellos también les gustaría ganar un viaje a Europa.

Cuando se anunciaron los concursos en curso, me entusiasmé al enterarme de que la empresa Formica premiaba con una casa de ensueño en su promoción de materiales de construcción.

Para mí, eso podría ser El comienzo de la vida.

La casa Formica que alguien ganaría fue mostrada en la Feria Mundial de Nueva York. Debo admitir que, aunque asistí a la feria, no estaba al tanto del concurso ni de su exhibición. Quizá estaba demasiado entusiasmada con nuestro viaje a Europa.

El concurso promocionaba los productos Formica.

Todos los constructores de viviendas de los EE.UU., que construyeron una casa con una cierta cantidad de productos

Formica y que participaron en el Desfile de Hogares tenían los formularios de inscripción y las reglas.

Para participar en el concurso, las reglas especificaban que tenías que ser propietario de una casa familiar y que debías haber visitado una de las casas Formica que participaban en el concurso. Ese día era lunes por la tarde y la fecha límite era el viernes de la siguiente semana.

Me dijeron que la única casa Formica que participaba en nuestra zona y que tenía formularios de inscripción disponibles para el concurso estaba en Garland, Texas, a más de treinta kilómetros de Irving.

De camino a casa desde la reunión del club de esa noche, no dejaba de pensar en la casa, nueva, moderna y espaciosa. Cuanto más pensaba en ella, más me gustaba la idea. Estaba hecha a mi medida.

El martes por la mañana, cuando me desperté, sólo pensaba en la casa. Después de que mi marido se fuera a trabajar y los niños al colegio, intenté seguir con mis tareas diarias. Llámalo corazonada, intuición o deseo; me sentí obligada a conducir hasta Garland para inscribirme en el sorteo.

Empezó a llover. Llamé a una amiga a la que también le gusta participar en concursos y que vive en Irving. Le pedí que me acompañara a Garland para inscribirme.

— Lo siento, no puedo ir Helene. Acabo de lavarme el pelo y el clima es horrible para ir por la autopista —, me dijo.

Llamé a otra amiga con la esperanza en que me acompañara. No, estaba cosiendo y no quería salir bajo la lluvia. Me recordó que la promoción del concurso llevaba casi dos años y que, a estas alturas, era una pérdida de tiempo y gasolina. Intenté sobornarla para que me acompañara diciéndole que le invitaría a comer una pizza. No tuve suerte.

A continuación, intenté disuadirme a mí misma de ir más tarde, pero no descarté la idea de ir. De alguna manera, lo más importante que tenía que hacer ese día era subirme al coche, conducir hasta Garland e inscribir mi nombre en esa casa.

NOTA: Helene emprendió una acción inspirada. Si tienes la corazonada de ir en una dirección concreta, hacer una tarea específica, etc. ¡HAZLO! Es tu intuición la que te guía, aunque parezca ilógica. Todo el mundo ha tenido experiencias en su vida en las que la ha ignorado y se ha arrepentido de esa decisión.

Conduje bajo la lluvia, localicé la casa Formica y registré tanto mi nombre como el de mi marido. A continuación, me senté en la amplia sala y admiré el hermoso mobiliario y la maestría artesanal de los elementos de Formica.

Fue entonces cuando me di cuenta de que ganaría la casa. No me pregunten cómo. Simplemente lo **SABÍA**.

Me llevé a casa un formulario en blanco y estaba releyendo las reglas cuando apreté el botón del pánico. Había firmado con el nombre de mi marido y las bases establecían que el ganador debía haber visitado una de las casas Formica. No lo había hecho.

Cuando llegó a casa esa noche, insistí en que condujera hasta Garland conmigo y se familiarizara con la casa, para que cuando los jueces nos avisaran, no nos descalificaran por no seguir las reglas. Aprendí que se podía perder un premio importante por meter la pata y no seguir las reglas.

Conozco a una mujer que entró un concurso para ganar muebles que llenarían una casa de cinco habitaciones. Realmente quería y necesitaba el premio porque en ese momento estaban construyendo una casa nueva. Firmó la inscripción con el nombre de su hija de once años. Estaba tan interesada en ingresar su participación para averiguar qué había escrito que pudiera ganar, que no siguió las reglas que establecían que debía ser mayor de edad. Cuando los jueces llamaron, la niña contestó diciéndoles que tenía once años, ese fue el final de todo.

La madre llamó más tarde a la agencia para explicar que no se había dado cuenta de que el concurso era para adultos mayores de veintiún años. Los jueces lamentaron que la madre hubiera pasado por alto la regla, pero tuvieron que acatarla, ya que la empresa de muebles que patrocinaba el concurso no concedería el primer premio a un niño.

Ese mismo fin de semana fuimos en coche a Garland, nos presentamos al constructor y revisamos los detalles de la casa. Cuando volvimos a casa, mis grandes expectativas empezaron a manifestarse. Sólo la fe activa impresiona al subconsciente y yo no iba a perderme ni un detalle.

A la semana siguiente, decidí que la casa estaría amueblada con muebles españoles tallados a mano. ¿Por qué no? Había visto justo lo que quería en uno de nuestros viajes a México. Le pedí a mi marido que dibujara los planos de la casa. Los chicos también expresaron sus deseos. Sugirieron que tuviéramos una sala de juegos enorme, en la que cupieran una mesa de billar de tamaño normal, el órgano que habíamos ganado antes, el centro de televisión y la zona de música, junto a varios sofás para el entretenimiento informal. Expresé mi deseo sobre que la cocina y la zona de desayuno estuvieran abiertas al jardín del patio. Fuimos tan específicos que todos nos proyectamos hacia esa realidad.

Nuestro siguiente acto de fe fue pasar los fines de semana mirando terrenos para construir la casa. Las normas establecían que podíamos elegir un terreno en cualquier lugar de Estados Unidos y Formica también lo pagaría. Encontramos tres que se ajustaban a nuestro propósito. Nos lo pasamos muy bien sólo con este proyecto.

Pasaron seis semanas y seguíamos sin noticias. Una noche, mientras asistía a una reunión del club, sonó el teléfono. Mi marido estaba allí para contestar.

Nos llamó la empresa que se encargaba de la promoción del concurso. No para decir que habíamos ganado ningún premio, sólo para hacer preguntas. El procedimiento formal es ver si los concursantes han seguido todas las reglas.

Pregunta: ¿Es la ciudadana H. B. Hadsell casada y es propietaria de una vivienda?

Pregunta: ¿Han visitado alguna casa Formica y dónde?

Por supuesto, mi marido pudo responder a todas las preguntas porque habíamos seguido las reglas.

Esta investigación preliminar no significa que haya ganado el premio. Nos informaron que esto es necesario para evitar conceder premios mayores a personas que no reúnen los requisitos porque no siguen todas las reglas. La empresa también debe estar segura de que existe tal persona y de que no está relacionada con nadie que trabaje para la empresa o dirija el concurso.

NOTA: Lee siempre las reglas oficiales. Cada cláusula. Esta práctica no ha cesado. Con las tecnologías modernas, los posibles grandes ganadores son investigados y examinados dentro de las empresas por agencias de detectives antes de ser declarados posibles ganadores. Usted acepta esta investigación cuando acepta cumplir las reglas oficiales. Sólo después de firmar todos los formularios de autorización se le declara ganador oficial.

Estábamos entusiasmados tras la investigación y ahora nos preguntábamos cuánto tardarían en hacer oficial que éramos los ganadores de su casa.

Una semana más tarde, el viernes por la mañana para ser exactos, anuncié que hoy tendríamos noticias sobre que habíamos ganado nuestra casa. Recuerdo que comenté que más valía arreglar la casa por si los jueces llegaban antes. Además, tendría que ir a la panadería a comprar pasteles para servir a esta gente tan encantadora. Mi marido decidió quedarse en casa ese día para estar presente en el gran momento.

A las tres de la tarde sonó el teléfono. La persona al otro lado de la línea se identificó como una de las "grandes cabezas" de Formica. Cielos, no, no se refirió a sí mismo como una "cabeza grande", pero la lógica dice que no enviarían a un "don nadie" para un asunto tan importante como la adjudicación de una casa de ensueño. Le acompañaba un licenciado en relaciones públicas, al que sólo puedo referirme como una bola de fuego y un individuo llamativo. El tipo me cayó muy bien, porque son los vividores los que consiguen que se haga el trabajo.

La "gran cabeza" nos preguntó si él y uno de sus socios (la bola de fuego) podrían venir a nuestra casa para hablar de un premio de un concurso para el que estábamos siendo considerados.

— Si su marido no está en casa a estas horas, esperaremos hasta más tarde por la noche, ya que deseamos contar con la presencia de ambos —, me explicó.

Casi meto la pata. Estaba a punto de decir: — ¿Por qué tardaron tanto? —. En lugar de eso, respondí: — Oh, por favor, vengan. Mi marido está hoy en casa, y tengo el café listo —.

— AHORA, ¡ACTÚA SORPRENDIDO, ES LO QUE ESPERAN! —,

fue la instrucción que le di a mi marido. Vinieron. Nosotros también.

Cuando la buena nueva se hizo verbalmente oficial, empezó la celebración. Nos informaron que huvo más de dos millones de participaciones en ese sorteo.

No tardaron nada en preparar la casa para la acción. Aprobaron el terreno, seleccionaron al arquitecto e incorporaron nuestros deseos a los planos de la casa.

El equipo de Formica, el constructor y todas las personas relacionadas con la casa Hadsell fueron maravillosos. Hicieron muchas cosas agradables para complacernos.

Ahora, cada vez que veo algún producto Formica, vuelvo a dar las gracias mentalmente a este equipo de gente encantadora por hacer realidad nuestros deseos.

— ¿Qué pasa con los impuestos? —, es la primera pregunta que parece hacer la gente.

Formica también pensó en ello. Nos informaron que, si había alguna preocupación financiera sobre los impuestos, nos ayudarían con ello para que no nos viéramos agobiados por confusiones o los impuestos y nos volviéramos en contra de esta buena fortuna. Sin embargo, pudimos hacernos cargo de la situación y, durante los últimos años, hemos disfrutado de nuestra espaciosa, lujosa y confortable fortaleza Formica.

Una de las características más agradables de esta hermosa casa era la "despreocupación" del trabajo, los problemas y el encerado. Formica cuidó de nosotros y ahora Formica cuida de sí misma.

Gente guapa, ¿está empezando a darse cuenta del poder del pensamiento positivo y la fe activa?

Cambie sus expectativas y cambiará sus condiciones. Comience a actuar como si esperara éxito, felicidad y abundancia. PREPÁRESE PARA LO BUENO. Nada es demasiado bueno para ser verdad; nada es demasiado maravilloso para suceder; nada es demasiado bueno para durar cuando se mantiene una actitud positiva por su bien.

Cómo Ser Exitoso Sin Siquiera Intentarlo

*Nunca hay fracaso.
Sólo un retraso en los resultados.*
Helene Hadsell

Las siguientes son una serie de experiencias personales para, de nuevo, relatar lo que puede suceder cuando las ideas de seguridad, salud, felicidad y abundancia están firmemente establecidas en el subconsciente.

¡Significa una vida libre de todas las limitaciones! Seguramente debe ser el "Reino" del que habló Jesús, donde todas las cosas se nos añaden automáticamente porque toda la vida es vibración; las cosas que simbolizan estos estados de conciencia se unirán a nosotros.

En otras palabras, "Sintonízate". Siéntete rico y exitoso y, de repente, recibirás un regalo o una gran suma de dinero.

Mi marido y yo asistimos a una fiesta de Navidad de la empresa en la que se sorteaba un premio detrás de una puerta. Ese premio se trataba de una grabadora. Todos los asistentes habían oído hablar de nuestro fenomenal éxito a la hora de ganar cosas. Un hombre, antes del sorteo, anunció bromeando: "Los Hadsell deberían ser descalificados porque nadie puede ganar cuando participan en un concurso". Por supuesto, ganamos la grabadora y ni siquiera lo intentamos.

¿Por qué ganamos? Quizá nuestra pasada acumulación de energía positiva tuvo algo que ver con la victoria. Recuerdo el incidente con bastante claridad: cuando todos fuimos conscientes de cuál era el premio detrás de la puerta, simplemente expresé mi deseo de poder ganarlo. Teníamos la intención de conseguir una como regalo para uno de los niños.

Para este incidente, no tengo ninguna explicación lógica, salvo decir:

— Fue simple y llanamente un DESEO —.

Si por casualidad te sientes resentido y envidioso (y lo admites ante ti mismo), di esta poderosa afirmación positiva: "Lo que Dios ha hecho por otros, ahora lo hace por mí y más". Repítela hasta que se convierta en una segunda naturaleza en tu conciencia; entonces, todas las cosas que deseas vendrán a ti. No te desanimes si tienes un deseo y no produce resultados con la rapidez con que gané la grabadora. Recuerda, nunca hay fracaso, sólo un retraso en los resultados.

Ya está, lo he dicho otra vez.

A lo largo de los años, he aprendido a no desilusionarme con nada, con nadie, ni con ninguna meta que proyecte. Si no se manifiesta tan rápido como yo desearía, digamos, por ejemplo, si no hubiera ganado la grabadora, mi actitud habría sido:

— Bueno, a veces se gana y a veces se pierde. SÉ que fue prematuro, pero aun así me llegará —.

Nunca descarte o anule la energía buena y positiva porque está decepcionado. Adquiera la actitud: — Supongo que necesito un poco más de paciencia —. Realmente hace maravillas por la paz del cuerpo, la mente y por su bienestar. LO CONSEGUIRÁ.

En algún sitio leí este consejo que me parece de lo más apropiado: Ningún hombre le da nada a nadie, más que a sí mismo y ningún hombre le quita nada a nadie, más que a sí mismo: El Juego del Éxito es un juego de solitario; a medida que tú cambies, cambiarán todas las condiciones.

MI FILOSOFÍA DE SIEMBRA Y COSECHA

Nueve concesionarios locales de automóviles y empresas de supermercados copatrocinaron un concurso.

Para ganar, había que ir a la sala de exposición de automóviles para ver el último modelo de coche lleno hasta los topes de comestibles. La persona que más se acercara a la suma total de los comestibles ganaría una cuponera de 150 dólares, que podría gastar en las tiendas. La segunda persona que más se acercara ganaría el uso de un coche deportivo durante una semana.

Cuando me enteré de este concurso, llamé a una amiga y le pregunté si quería acompañarme a jugar al juego de adivinanzas para ganar algunos comestibles.

Empezamos así nuestro día de "diversión y juego".

En nuestra visita al primer concesionario, presentamos nuestras adivinanzas y acordamos que yo tenía la suma correcta y que ganaría el premio de 150 dólares en ese concesionario. En nuestra siguiente parada, designamos en broma que mi amiga ganaría el premio en efectivo de ese concesionario, en el siguiente lugar ganaría yo y en el siguiente ganaría ella.

Debo repetirlo de nuevo: estábamos de muy buen humor y nos divertimos mucho jugando a las adivinanzas. Había cuatro lugares en los que yo ganaría el primer premio y cuatro lugares en los que ganaría ella. Cuando llegamos al noveno, ella sugirió:

El Concurso: ¿Lo Quieres? Lo Tienes

— Ganemos para mi vecina, que tiene cinco hijos y le vendría muy bien el dinero de 150 dólares para la compra —.

Enviamos nuestras suposiciones en nombre de su vecina y concluimos nuestro día de diversión y juego.

Los ganadores se anunciarían el sábado de esa semana. Decidimos quedarnos en casa ese día para contestar al teléfono, y nos llamaríamos más tarde esa misma noche para comprobar nuestra puntuación.

Llegados a este punto, uno podría decir: "Esto es irreal", pero permítanme asegurarles que es un hecho.

Esa tarde recibí tres llamadas. Dos me informaron de que había ganado su premio de una cuponera de 150 dólares. Una me dijo que no había acertado la cifra total por tres centavos, pero que había ganado el segundo premio: el uso de su coche deportivo durante una semana. Mi amiga ganó el premio de 150 dólares en dos concesionarios y la vecina, cuyo nombre enviamos, también ganó el primer premio de 150 dólares en otro concesionario. El único concesionario del que no había tenido noticias me preocupaba. Le dije a mi amiga que tenía la corazonada que estaba siendo deshonesto porque estaba segura de haber presentado la cantidad correcta en ese concesionario. Cuanto más pensaba en ello, más obligada me sentía a seguir mi corazonada.

NOTA: Sigue siempre tu voz interior. No siempre es fácil, ya que es muy silenciosa, pero cuanto más practiques, mejor lo harás. Además, descubrirás que incluso cuando desafíe la lógica en el momento, al final resultará ser correcta.

El lunes, llamé al lugar y le pregunté a la secretaria que contestó el teléfono:

— ¿Quién ganó la cuponera del supermercado de 150 dólares? —.

Ella me dijo que el supervisor que estaba a cargo de la promoción se había encargado de eso y que creía que el ganador ya había sido notificado.

Le dije que volvería a llamar para hablar con el supervisor, ya que lo que más me interesaba era saber quién había ganado el premio.

Varias horas después, volví a llamar. Esta vez hablé con el responsable. Me informó de que la ganadora había sido notificada, pero que había olvidado su nombre. Estaba en su mesa y tenía un cliente, así que no tenía tiempo de buscarlo. Le dije que volvería a llamar en una hora, pues tenía curiosidad por saber quién había ganado. En ese momento, tuve la certeza de que este hombre era deshonesto y supe que no debía quitar el dedo del renglón. Cuando volví a llamar, me informó secamente de que había ganado una mujer que vivía en Irving llamada Helene Hadsell. El concesionario estaba en Ft. Worth.

— Qué maravilla. La conozco —, comenté rápidamente antes de colgar. ¿Qué otra opción tenía ahora sino seguir adelante?

Dos días después, en el correo, recibí el premio de la cuponera, con una nota de esta naturaleza: "Nos complace informarle que es usted la ganadora de nuestro concurso". La estampilla postal del sobre indicaba que se había enviado después de mi conversación telefónica.

La moraleja de esta experiencia es: No albergaba ninguna idea negativa sobre que alguien fuera deshonesto, pero cuando la fuerte corazonada me impulsó a investigar, lo hice y estaba en lo cierto.

En mi experiencia como concursante, sólo he tenido dos casos en los que me pareció que la persona responsable no era honesta.

Ambos fueron en promociones locales.

Es divertido pensar en la falta de honradez, porque "lo que siembres, cosecharás". Cuanto más me doy cuenta de este universo tan bien organizado en el que vivimos, más me doy cuenta de la perfección de esta ley. Realmente no engañas a nadie más que a ti mismo cuando eres deshonesto. Aunque en un momento dado sientas que has hecho una jugarreta, en algún momento en el futuro alguien te la jugará a ti. Esta ley nos fue impuesta hace siglos.

Esto me lleva a pensar que tal vez estaba cosechando lo que sembré; tal vez la razón por la que se retuvo el premio fue para que esta ley sea equilibrada por una de las travesuras que hice en el pasado. Esto era muy probable, pero de nuevo, sólo podría seguir mi intuición y perseguir el incidente a mi satisfacción o descartarlo como algo por lo que no vale la pena esforzarse.

Las Corazonadas Son Lo Más Útil

Cuando nos mudamos a la casa de nuestros sueños, no teníamos ningún motivo para "estar a la altura de los vecinos". Nosotros éramos los vecinos.

Mi hijo Chris (el bromista), que entonces tenía dieciséis años, me llamó la atención sobre el hecho en que, por fin, estaba en el entorno al que debería haberse acostumbrado hace mucho tiempo. En otras palabras, ¿por qué ha tardado tanto? Ahora expresaba su deseo de tener un coche deportivo, un vestuario nuevo y "elegante", anillos impresionantes y cosas que demostraran lo próspero que era. Quería crear una nueva imagen. De acuerdo, lo diré: era un fanfarrón. O debería atribuirlo a que era un adolescente y si alguna vez ha estado cerca de uno, no hay más que decir al respecto.

Qué difícil tiempo suelen provocarse los pequeños a ellos mismos. Parece que ninguna cantidad de amor, paciencia, atención y comprensión puede llegar a ellos durante ese período del síndrome de crecer, volar y alardear.

Afortunadamente, este periodo es breve y uno siempre puede consolarse con el hecho de que esto también pasará. De nuevo, permítanme asegurarles que nunca hay fracasos, sólo un retraso en los resultados. ¿Le da eso esperanza? De todos modos, este fue el periodo que atravesó Chris. Eso podría darte una prueba más de que somos la típica familia, tan chiflada como fructífera.

Pero volvamos al deseo de Chris, a la lista completa de artículos por los que competía. ¿Pueden creer que apareció en escena un concurso que respondía a todos sus deseos en ese momento?

La Union Carbide Company estaba patrocinando un concurso para adolescentes. Las reglas requerían el diseño de una pieza de joyería que atrajera a los jóvenes. Los requisitos eran utilizar uno o más zafiros estrella de la marca Linde en la joya diseñada. La empresa estaba promocionando los zafiros estrella.

El Concurso: ¿Lo Quieres? Lo Tienes

Tenía entendido que el concurso llevaba casi seis meses en marcha y que se había informado y animado a todas las clases de arte de las escuelas de Estados Unidos a que presentaran sus ideas. Había dos primeros premios, uno para una chica y otro para un chico. El primer premio consistía en un viaje de una semana a Nueva York para asistir a la exposición nacional de joyas. Uno de los padres podía acompañar a su "niño genio", diseñador de joyas ganador. Se entregaría al ganador un anillo de zafiro estrella, así como un reloj de pulsera de oro, dos piezas de equipaje, un premio en efectivo de

1.000 dólares, además de un viaje a la empresa de fabricación para elegir un vestuario de otoño a su gusto. Ahora te pregunto, ¿qué te parece esto para tener "todos los huevos de una canasta"? Quiero decir, "ser la gallina de los huevos de oro". ¿No ves que ese concurso estaba dirigido a Chris?

Fue la última semana antes de que se cerrara el concurso cuando se entusiasmó por participar. ¿Qué tipo de diseño ganaría y qué presentaría? Los siguientes son los incidentes que le llevaron a ganar.

Comentó las ideas del concurso con toda la familia y se le ocurrió lo siguiente: casi todo el mundo en la escuela secundaria en aquella época estaba en una banda, un grupo o pensaba que podía tocar algún tipo de instrumento musical. Primero pensó en presentar un banjo, pero después de pensarlo mejor, lo descartó. Le pareció demasiado obvio, la mayoría de sus amigos hablaban del banjo esos días y quizá no fuera lo bastante original. Mantuvo la idea musical y entonces se le ocurrió:

— ¿Por qué no un pentagrama con dos notas y clave de sol? —.

Sería una gran idea para un pasador de corbata y atraería a todos los adolescentes. Aunque el reglamento no incluía que se le pusiera nombre a la joya diseñada, se le ocurrió llamarla LINDE GO GO. Era algo natural para su propuesta. Estaba tan entusiasmado que se sentó inmediatamente y dibujó su idea en un papel.

No tenía inclinaciones artísticas ni era estudiante de arte, pero ese no era un requisito específico. Se incluía a todos los estudiantes de secundaria. Su entusiasmo era ahora máximo. Entonces gritó:

— Acabo de tener otra gran idea —, mientras se dirigía al garaje y a la caja de herramientas.

Volvió unos minutos después con unas pinzas y un trozo de alambre flexible... Empezó a darle forma de bastón. Volvió a buscar alambre más fino para dibujar las líneas donde se colocarían las notas. Reflexionó durante un minuto sobre lo que podría ser adecuado para representar el zafiro estrella que se incorporaría a la joya. Se dirigió a la despensa y miró el surtido de arroz y frijoles secos que tenía. Se decidió por dos guisantes secos pequeños. Lo pegó todo y lo pintó de dorado, excepto los guisantes, que dejó de color verde pálido. No me importa presumir un poco, porque todos estábamos muy orgullosos de su habilidad y su ingenio ganador.

El Concurso: ¿Lo Quieres? Lo Tienes

Aunque el concurso pedía un boceto dibujado, cosa que hizo, también se sintió obligado a enviar por correo su idea "maquetada". La puso en un joyero forrado de terciopelo negro y quedó impresionante.

En mi opinión, ya tenía un premio por el placer que le producía su creatividad.

Después que enviara su trabajo por correo, me entusiasmó la idea de volver a Nueva York. Me compré un traje color limón pálido para nuestro viaje y me puse a comprar nuevos accesorios mientras esperaba que los jueces le notificaran que había ganado el primer premio.

El lunes, unas dos semanas después del cierre del concurso, me levanté con la fuerte corazonada sobre que hoy sería el día en que tendríamos noticias del concurso de diseño de joyas.

Estaba tan segura de ello que habría hecho una pequeña apuesta. El cartero llegó sin noticias, pero eso no me desanimó. Aún podía haber noticias por teléfono o por telegrama.

NOTA: Las empresas rara vez te llaman o te envían un correo para notificarte que has ganado un premio. Hoy en día, las formas más populares de ponerse en contacto con los ganadores de concursos son por correo electrónico, mensaje de texto, etiquetas en redes sociales o mensaje directo.

Habíamos planeado ir de compras en algún momento de ese día para comprarle a Chris un par de zapatos. Teníamos que hacerlo antes de las cinco de la tarde, ya que a esa hora iba al entrenamiento de béisbol. De alguna manera, yo seguía posponiendo salir de casa como si me faltara tiempo. Entonces sonó el teléfono poco después de las 4 de la tarde. Era uno de los jueces de Nueva York. Chris contestó al teléfono. Le informaron de que solo tenían una pregunta que hacerle:

— ¿Chris es una chica o un chico? —.

Su respuesta fue: — Soy todo un chico —.

A la mañana siguiente, recibimos el telegrama sobre que Chris había ganado el primer premio por su trabajo de diseño de joyas.

Las Corazonadas Son Lo Más Útil

Mi corazonada dio resultado al quedarme en casa hasta recibir la llamada, como supimos más tarde.

Mientras estábamos en Nueva York, disfrutando de los premios, los elogios y los lugares fabulosos, las encantadoras personas relaciones públicas nos llevaron a conocer a los jueces (esto fue después de entregar el premio). Querían conocer a los dos mejores diseñadores adolescentes. Una de las jueces, una mujer, nos explicó lo difícil que era hacer la selección de los mejores premios. Nos dijo que no había ninguna duda sobre la ganadora femenina, pero que la decisión final sobre el ganador masculino fue todo un reto. La decisión final estuvo entre un chico llamado Mike, que, por cierto, presentó un diseño de banjo, y Chris, que presentó un pentagrama musical. Cuando llegó el momento de elegir al ganador, los jueces estaban cansados tras varios días de estudiar todas las propuestas y seguía habiendo empate entre Chris y Mike. La jueza quería que ganara Chris porque estaba impresionada de que alguien se tomara la molestia de presentar una maqueta real. Los jueces masculinos intentaron convencerla para que diera el premio a Mike. Estaban seguros de que Mike era un chico. Les preocupaba que si se lo daban a Chris y Chris era una chica, habría dos ganadoras femeninas.

Así que sí tuvieron una consideración. La juez dijo que finalmente accedió a terminar la evaluación de los diseños, pero con una condición. Insistió en que llamaran a este chico de Texas.

— Si contesta al teléfono y nos dice que es un chico, se lleva el premio. Si nadie contesta, Mike es el ganador —.

Estuvieron de acuerdo ya que querían concluir su evaluación esa tarde.

Pues bien, Chris estaba en casa, contestó al teléfono, es un chico y fue el ganador.

Este incidente debería convencerte una vez más de que cuando tienes una corazonada, y tiene sentido, síguela. Según mi experiencia personal, da sus frutos diez de cada diez veces.

Qué oportunidad para Chris. Del deseo a la adquisición de sus deseos pasaron sólo cuatro semanas.

El Concurso: ¿Lo Quieres? Lo Tienes

Este premio y esta experiencia fueron otros dos de los momentos culminantes de los Hadsell.

La Prueba Máxima

Ahora bien, ¿qué te hace pensar que debo limitar mi pensamiento positivo a ganar concursos? Admito que empecé con el objetivo de querer ganar concursos, pero entonces ocurrió algo emocionante que abrió un concepto totalmente nuevo para mí.

Fue poco después de mudarnos a la casa. Por insistencia de uno de mis amigos, fuimos a Fort Worth a escuchar a un hombre de Laredo, Texas. Se llamaba José Silva. El Sr. Silva daba una conferencia sobre el poder de la mente. Nos dijo cómo se podían controlar los hábitos, el peso, dormir sin medicarse y muchas otras cosas buenas. Su curso de 48 horas incluía técnicas de imaginería mental para mejorar la salud, la memoria, la intuición y la productividad, así como para controlar el dolor. El hombre era tan sincero y mientras le escuchaba explicar el potencial de la mente, supe que tenía que hacer ese curso.

Me entusiasmé tanto que apenas podía esperar hasta la tarde siguiente para empezar el entrenamiento en clase. Esa, querido lector, fue la mejor inversión que he hecho hasta la fecha. Cuatro meses después de terminar el curso de DESARROLLO MENTAL SILVA, tuve la oportunidad de poner a prueba máxima las técnicas que me había enseñado José Silva.

Mi marido y yo tuvimos un accidente de coche una noche en un puente resbaladizo cubierto de aguanieve. Mi cara salió despedida contra el tablero cuando un coche nos golpeó de frente. El impacto me aplastó la nariz, me causó lesiones faciales internas y no podía respirar debido a la gran cantidad de sangre que estaba tragando. Tenía dos opciones: dejar que cundiera el pánico y morir desangrada o detener el sangrado.

Querido lector, permítame confesarle que en el pasado fui probablemente uno de los pacientes más difíciles que la profesión médica haya tratado jamás. Me ponía histérica al ver sangre. El mero hecho de ir al hospital a visitar a un amigo me revolvía el estómago; tal vez percibía el miedo y el dolor. También tenía tantos miedos propios a la muerte, la enfermedad y el dolor que francamente podría haber sido etiquetada como una neurótica total.

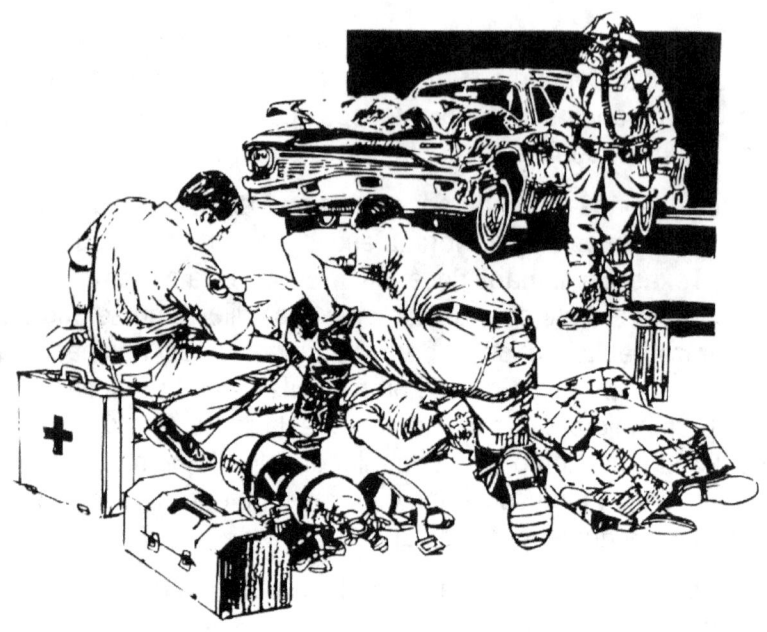

Parece que cada vez que oía a alguna persona relatar sus experiencias de cirugía o dolor; lo incorporaba a mi conciencia, DE INMEDIATO, SIN DUDAR, SIN VACILAR.

Sigamos con la experiencia del accidente porque ¡VAYA! fui afortunada. Cuando ocurrió, estaba al tanto de cómo manejar la situación, gracias al programa de Desarrollo Mental Silva. Una de las técnicas que nos enseñaron en el curso era detener y controlar la hemorragia, además de cómo controlar el dolor.

Inmediatamente pedí que se detuviera la hemorragia, ¿y sabes qué? Se detuvo. En este punto, el médico afirmaría, y con razón, que nuestro cuerpo tiene un mecanismo de supervivencia que desencadena y nos ayuda a responder para sobrevivir. Estoy de acuerdo. Pero cuando uno posee una imaginación poderosa junto con el miedo, anula cualquier respuesta fisiológica que reaccionaría y uno puede (y muchas veces lo hace) desangrarse o morir de un shock causado por el miedo y el pánico. Yo podría haber sido una de esas estadísticas de no haber sido por las técnicas de Desarrollo Mental Silva para detener la hemorragia.

Después de treinta y cinco minutos de estar en el coche hasta que llegó la ayuda, me metieron en una ambulancia con las sirenas encendidas hasta la sala de emergencias del hospital. Me pregunté por qué la GRAN URGENCIA, ya que los acontecimientos que siguieron fueron una farsa.

Después de que me llevaran en silla de ruedas a la sala de emergencias para los pacientes que ingresaban, estuve acostada en una mesa fría durante una hora o más mientras firmaban los papeles, hasta que llegó mi turno para que "me echaran un vistazo". Tenía los ojos cerrados porque los focos bajo los que me encontraba eran muy intensos. Finalmente, dos miembros del personal vinieron a ver mi cuerpo fracturado. Uno dijo:

— Me pregunto cómo lucía antes —, dijo uno de ellos.

No digo esto para menospreciar el sistema hospitalario, porque estoy segura que el personal sólo hace lo que está capacitado para hacer. Espero que esto le ayude a manejar la situación si alguna vez se encuentra en una circunstancia similar. Espero que nunca lo esté.

Una vez más, tuve la oportunidad de compadecerme de mí misma, poner el grito en el cielo, delirar, gemir o controlar la situación pensando en positivo (otra prueba suprema). Empecé mis cavilaciones mentales con pensamientos constructivos y creativos.

— Estaré bien; porque con la notable cirugía plástica que he oído que están haciendo ahora, sé que pueden mejorar mi aspecto. Este cuerpo se curará tan rápido; mi historial médico será un milagro para su pronta recuperación —. Una y otra vez, me decía mentalmente las sugerencias positivas anteriores.

El diagnóstico de las lesiones sufridas en el accidente después de una, dos y tres revisiones (debo decir que una vez que me examinaron, fueron muy minuciosos) fue: fractura de costillas en la parte baja de la espalda, contusión del bazo, tobillo derecho tres veces más hinchado de lo normal. No pudieron encontrar ninguna razón para ello, ya que no había ninguna fractura visible en las radiografías. Me recomendaron cirugía inmediata para reconstruir la nariz y reparar los daños faciales. Me administraron pentotal sódico para someterme a la operación de cara y nariz.

El pronóstico para los daños y lesiones en la espalda, las costillas y el tobillo sería de seis semanas de actividad limitada en silla de ruedas, además de llevar un corsé para sujetar la espalda.

Después de la cirugía facial, y al recobrar el conocimiento, me desperté en una habitación llena de amigos que vinieron a traerme energía curativa.

La gente es realmente hermosa. Una de mis amigas, antiguamente una enfermera registrada, insistió en sentarse junto a mi cama porque decía que podía sentir mis necesidades físicas.

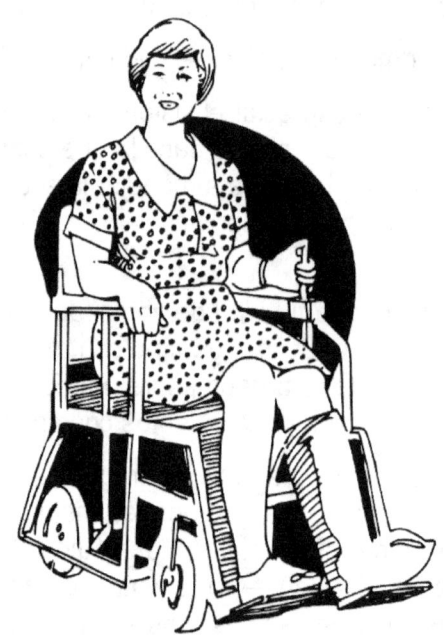

Atendió a mis necesidades hasta que el efecto de la anestesia desapareció por completo y me sentí en control y racional.

Una vez que mi organismo estuvo libre de los fármacos administrados para la cirugía, no volví a inyectarme ni a tomar pastillas para el dolor durante las dos semanas que permanecí en el hospital. No lo necesitaba. Cuando sentía molestias, me "engañaba" a mí misma imaginando que las punzadas de dolor (a las que antes temía tanto) eran pulsaciones curativas. Cada vez que percibía la sensación punzante, me repetía mentalmente: "Curación, curación, curación".

Esto es interesante ya que fue la primera vez que me di cuenta de que la sensación punzante que se llama dolor, viene en ciclos y no es constante. También me di cuenta de que cuando usaba la técnica de relajación física, que me enseñaron en la Clase de Silva, la intensidad de la palpitación era muy leve. Ahora había cambiado los ciclos de dolor por ciclos positivos de curación; ya no había dolor, sólo pulsaciones agradables de curación.

Ajá, siento duda en algunos de ustedes lectores.

Era de esperar, porque antes del Entrenamiento para el Desarrollo Mental, yo también dudaba mucho. Algunos de ustedes podrían llamar a esta técnica auto hipnosis, programación o simple estupidez, ya que había medicamentos disponibles para mantenerme noqueada. Pero les diré que ninguno de ustedes puede decir que no funciona porque yo estoy aquí para decirles que funcionó y funciona.

Debo seguir diciéndoles que el poder de la mente es fantástico. Estoy segura que algunos de ustedes conocen a los caminantes sobre fuego que caminan sobre brasas calientes y no se queman ni sienten incomodidad o de las personas que son cojines de alfileres humanos y no sienten dolor cuando les clavan alfileres en el cuerpo. Se han condicionado y disciplinado con su pensamiento hasta tal punto que realmente rechazan el dolor. No son personas especiales. Yo tampoco soy especial. Todos tenemos esta capacidad de controlar los sentimientos, el dolor, el entorno y nuestras vidas. No se limite, porque esto funciona en todas las capacidades.

GRAN INTERROGANTE: "Pero yo no he tenido ningún entrenamiento mental, así que ¿cómo se desarrolla esa actitud poderosa y positiva de la que hablas?". En el capítulo SPEC le daré un plan paso a paso para obtener resultados con el pensamiento positivo. Recuerde, primero debe tener el deseo de ser el amo de su mente.

Los científicos nos dicen que utilizamos menos del diez por ciento de nuestro poder mental. Creo que es así porque, a medida que continúo estudiando el poder de la mente, me asombra lo que uno es capaz de hacer con el pensamiento correcto o incorrecto.

Mi curación fue lo que podríamos llamar un "milagro". Cuando salí del hospital y volví a casa, me llevé la silla de ruedas. Por supuesto, me sirvió para algo. La miraba sentada en un rincón mientras yo me ocupaba de mis tareas domésticas.

Pensé: "No soy una inválida. Tengo pleno control de mi cuerpo. Mi cuerpo no me controla a mí. Yo controlo mi cuerpo". ¡Y vaya si se enderezó y rindió!

Me pidieron que consultara con el médico que me operó la cara y con el que me atendía la lesión en la espalda y la pierna. La verdad es que no quería ir, pero los médicos me lo exigieron para sus informes con el fin de cobrar los honorarios de la compañía de seguros.

Primero fui al cirujano, quien hizo un buen trabajo reconstruyendo mi nariz. Estaba a punto de sondearme y comprobar su trabajo introduciéndome un objeto metálico por la nariz cuando me rebelé. Le dije que estaba muy contenta con mi operación de nariz. Me sentía muy bien. Había cicatrizado perfectamente y no tenía ninguna otra necesidad con la que gastar su tiempo o el mío. Sí, fui grosera y estoy segura de que herí su orgullo al ser tan brusca. Mi política de "dejarlos siempre riéndose, sintiéndose amados, leales y afortunados de conocerme" fue un FALLO. Metí la pata hasta el fondo, así que no tuve más remedio que enmendarlo.

Siempre he estado orgullosa de tener sentido del humor (aunque a veces mi marido no esté de acuerdo conmigo y me diga que mi humor no tiene sentido). No obstante, pasé el día siguiente intentando compensar mi comportamiento grosero durante la visita al buen doctor. Esperaba que tuviera sentido del humor, así que saqué mis crayones. (Los tengo a mano para mis nietos cuando vienen a una sesión de "meterse en todo"). Hice un bonito dibujo de mi nariz. Luego redacté una cita que escribí a máquina y lo pegué debajo del dibujo de la nariz.

Después enmarqué toda la obra maestra y la titulé: PREMIO AL MÉRITO PARA EL DR. (e inserté su nombre). El texto era el siguiente "Después de una larga búsqueda para conseguir que esta cosa vuelva a funcionar, le estoy muy agradecida. No sólo ha cumplido usted con un deber humanitario, sino que ha mejorado definitivamente mi belleza. Ahora sólo queda pagarlo". Entonces firmé con mi nombre.

Tal vez mi marido tenía razón cuando dijo que mi sentido del humor a veces no tiene sentido, porque enseguida recibí una factura por sus servicios y desde entonces no he vuelto a ver ni a saber nada del querido muchacho. Para los lectores que estén de acuerdo con la opinión de mi marido sobre que mi humor no tiene sentido, está bien. Pero créanme esto: puede que esté loca, pero pueden apostar a que nunca me estancaré en la rutina.

El Concurso: ¿Lo Quieres? Lo Tienes

TÉCNICAS MÁGICAS PARA EL ÉXITO

— Sabía que iba a ganar —, dijo la ganadora de un primer premio en efectivo de 10.000 dólares.

Así que la noticia no fue una sorpresa cuando la mujer de Dallas abrió su puerta y dos representantes de una agencia de publicidad estaban allí para entregarle un cheque de 10.000 dólares.

La historia empezó el verano pasado, cuando la mujer dijo a dos de sus mejores amigas:

— Este va a ser mi año. Toda mi vida va a cambiar. Puedo sentirlo, LO SÉ —.

¿Qué hizo ella para lograr esta ganancia inesperada? Utilizó el poder del pensamiento positivo.

En sus palabras, lo resumió de esta manera.

— Si abres tu corazón y crees en las cosas buenas, es normal que sucedan. Simplemente entrenas tu mente para creer y esperar hasta que sucede —.

Su objetivo no eran 10.000 dólares. En realidad, era de 5.000 dólares. También tenía tres cosas que quería conseguir durante el año.

— Necesitaba un coche nuevo; quería volver a tener un hogar con un buen marido; toco el órgano en mi iglesia, pero nunca he tenido uno propio y siempre he querido tener uno, para poder tocar en casa y, por último, quería un poco de seguridad financiera y pensé que 5.000 dólares serían suficientes —, relató.

— Hice una "rueda de la fortuna", un simple trozo circular de cartón con imágenes recortadas clavadas en él. Había dibujos de un automóvil nuevo, una pareja tomada de la mano (que representaba la felicidad), un órgano eléctrico y un nido con un huevo que representaba los 5.000 dólares. Puse las ruedas (porque en realidad hice cuatro) en lugares donde me recordaran constantemente mis objetivos y pudiera darles energía continuamente. Sólo faltaba que se materializaran —, se rió.

Una de sus ruedas de la fortuna estaba colocada sobre su televisión; otra, en el tablero de su coche; la otra, en el cajón de su escritorio en el trabajo y la otra, en su mesita de noche, ya que serían lo último en lo que pensaría antes de dormirse.

Con todos esos recordatorios, era un proceso constante de enviar energía al exterior. Es una buena idea, porque es mejor que pensar en los dolores o sentir lástima por uno mismo. En algunas escuelas de pensamiento, se llama tener una sola mente. En pocas semanas pudo comprarse un coche nuevo.

— Era un trato que no podía rechazar. Fue casi como un regalo —, explica. Luego quitó la foto del coche de su rueda de la fortuna.

En uno de los programas de la iglesia, un cuarteto evangelista itinerante presentaba el programa. Ella se sintió atraída por uno de los integrantes y descubrieron que tenían mucho en común. Varios meses después, él regresó a Dallas, dejó el cuarteto, aceptó un trabajo en la localidad y se casaron.

Se retiró otra foto.

Fue en mayo, el día de su cumpleaños, cuando su marido le regaló un órgano para su casa. Tres menos, falta una.

— Él conocía mis proyectos. De hecho, le hacían gracia. Pero me dijo: — De acuerdo, mujer, yo era el número dos para ti, pero no me imagino cómo ni de dónde vas a sacar la cantidad tan grande de

5.000 dólares —.

— Fue la segunda semana de junio cuando recibí la notificación; no había ganado 5.000 dólares, sino el primer premio de 10.000 dólares en un sorteo. Había visto el anuncio del concurso en una revista y lo envié por correo. En ese momento me dije: aquí es donde puedo conseguir el dinero de mis huevos de oro—.

Todos sus sueños se hicieron realidad en un año. Lo bonito de esta historia real es que todos tenemos la capacidad, así que vamos a hablar de cómo se puede conseguir y cómo funciona.

¿Sabe lo que quiere de verdad? No se apresure a responder, porque una persona normal tiene muchos deseos y anhelos. Cambian a diario con el estado de ánimo de cada uno. Si vacila, no podrá darse la oportunidad de generar suficiente energía para su resultado final.

Le sugiero que juegue a este juego mental consigo mismo. Pregúntese: "¿Cuál es el objetivo más importante que deseo alcanzar?". Piénselo seriamente. ¿Es positivo, constructivo y creativo? Imagine que lo tiene. Sienta cómo se siente tenerlo. ¿Cómo cambiará su estilo de vida?

Un consejo. Nunca necesita involucrar a otro para obtener su resultado final. Imponer su voluntad a los demás es un rotundo NO y realmente no es necesario. Le pondré un ejemplo. Trabaja en una oficina. Su jefe es un soplón, se hace el tonto y sólo hay una manera de hacer las cosas: "a su manera". Cree que carece de los conocimientos necesarios para ese puesto y sabe que usted podría hacerlo mejor. Quiere su puesto. Puede que se plantee la idea de que lo despidan o que el jefe superior se dé cuenta de lo mismo que usted y, al final, le den el puesto debió tener desde el principio. Es cierto que todos fantaseamos a veces con este tipo de situaciones. Lo descartamos porque nuestra mente está ocupada en otras cosas.

Lo que digo es que, si mantiene este pensamiento el tiempo suficiente y con la fuerza suficiente para que se convierta en una obsesión, lo más probable es que ocurra a su debido tiempo. ESTA NO ES LA FORMA DE JUGAR EL JUEGO. Puede obtener los mismos resultados finales con tranquilidad y sin tener que manipular a la gente. Puede disfrutar de sus logros con este método: "Deseo el trabajo perfecto con la paga perfecta". Eso es todo: lo necesario. Cada vez que le venga a la mente su trabajo, repita esta frase en silencio o piense en ella. Con esto como resultado final, llegará a buen puerto a su debido tiempo. Puede que trasladen a su jefe, que lo reasignen o lo que sea, o incluso puede que le ofrezcan otro trabajo en otra empresa que pueda satisfacer todas sus necesidades. No hay necesidad de prepararlo todo, sólo hay que ver cómo todo encaja. Porque si este es realmente su resultado final y utiliza el deseo mental adecuado, lo conseguirá.

El Concurso: ¿Lo Quieres? Lo Tienes

Una de las mejores publicaciones que entra en detalle en un plan para lograr un objetivo se titula, *Sí funciona: ¡El famoso librito rojo que hace realidad tus sueños!*, de RHJ.

Cuando doy conferencias por todo Estados Unidos, recibo preguntas del público sobre situaciones concretas. También les pregunto si desean escribirme y contarme sus experiencias de cómo obtuvieron su resultado final. El siguiente es un incidente que le ocurrió a un estudiante.

— No participo en concursos, y no creo que pueda permitirme sacar el dinero del presupuesto familiar para mi deseo —, dijo.

NOTA: En aquella época, el principal método para participar en sorteos era por correo. Había que comprar papel, folios de 3x5, sobres, bolígrafos y sellos. Ahora no se tiene que gastar tanto para participar en sorteos por Internet, ya que lo más probable es que ya tenga una computadora o un celular.

Su deseo era hacer un viaje a las Bahamas. Al parecer, una de sus amigas había hecho el crucero por placer y le había contado lo estupendo que era. Impresionó tanto a la estudiante que ella también quiso hacer el viaje. Su marido, sin embargo, no compartía su entusiasmo ni quería ir. Pero eso no le quitó las ganas. Seguía queriéndolo para ella.

Le sugerí que siguiera proyectando energía y que supiera que su deseo se haría realidad. Cuatro semanas más tarde fue cuando recibí una carta postal con la foto de un barco con un sello de las Bahamas. La tarjeta decía simplemente: "Lo pedí y ahora lo tengo" y su firma.

Cuando volvió a casa, me contó los detalles. Mientras asistía a clases de arte, conoció a otra alumna de su clase. La estudiante, que era distribuidora de cosméticos femeninos, le contó a la señora que la empresa para la que trabajaba tenía una promoción de ventas, donde la persona de cada distrito con el mayor número de ventas ganaría un viaje a las Bahamas. Ella confiaba en ganar el viaje. Hasta la fecha, ella ha presentado la mayor cantidad de ventas. Fue entonces cuando la estudiante le habló de su deseo de hacer un viaje así. La señora deseó a su amiga artista éxito en su triunfo y confió en que el viaje fuera todo lo que había soñado.

Una semana más tarde, recibió una llamada de su amiga artista. Había ganado el viaje y estaba lista para partir cuando su hijo enfermó repentinamente y tuvo que someterse a una apendectomía. No podía marcharse en esas condiciones y no conocía a nadie en su familia que pudiera hacer o deseara el viaje con tan poca antelación. Si no lo hacía, se perdería, ya que se trataba de un viaje organizado de antemano. Así que, si ella quería el viaje, era suyo, gratis, sin condiciones. Por supuesto, aceptó y estaba encantada porque la experiencia era todo lo que había esperado. Confesó que le sorprendió lo rápido que todo encajó.

Hace poco, conocí a una mujer en un centro comercial de Dallas que me reconoció. Había escuchado mi conferencia "Técnicas Mágicas para el Éxito" y enseguida aplicó las ideas. Tenía que compartir su éxito. Ella y su marido acababan de mudarse a una nueva casa y estaban amueblándola. Después de escuchar mi conferencia, supo cuál sería su deseo. Quería una vitrina para porcelana como la que tenía su abuela. Recordaba cómo admiraba ese mueble cada vez que la visitaba. Cuando su abuela falleció, se vendieron y repartieron sus bienes y nadie parecía saber dónde estaba la vitrina. Sin embargo, su deseo era tener ese mueble para porcelana o un duplicado colocado contra una pared de su zona de desayuno.

Varias semanas después, una amiga le pidió que la acompañara a una tienda de antigüedades. Fue y allí había una vitrina para porcelana. Si no era la original de su abuela, desde luego era su gemela. No había ninguna diferencia. Estaba encantada hasta que se enteró de lo que costaba.

— Eso no me desanimó y no tuve ninguna duda de que lo tendría —, me aseguró. — Se lo conté a mi marido y fue a verla. Estuvo de acuerdo en que sin duda sería perfecta para nuestra zona de desayuno, pero en ese momento, nuestro presupuesto no lo permitía. Salimos de la tienda y, de camino a casa, mi marido me explicó detenidamente las muchas razones por las que no podíamos permitírnoslo. Lo escuché y no dije nada. Puedo decir sinceramente que no volví a mencionar la vitrina. Simplemente supe que era mía y la visualicé de pie contra la pared —.

— Dos meses después, cuando un camión de reparto entró en nuestra entrada, pensé que se habían equivocado de casa —, continuó. — El hombre que llamó al timbre me preguntó dónde quería que colocaran mi vitrina. Poco después, cuando mi marido llegó a casa, me encontró llorando, acariciando el hermoso tallado de mi pulido mueble para porcelana. También sabía que era mía y no tuvo ningún problema en pagarlo. Me contó que el día que decidió volver a verlo con la esperanza de poder comprarlo más barato, se encontró con que lo habían rebajado a mitad de precio. La tienda se estaba trasladando a un nuevo local y había rebajado toda su mercancía para que fuera más rápida la mudanza —

Algunos dirán: "Eso no está tan bien. Siempre consigo lo que quiero cuando me quejo lo suficiente". Otros podrían pensar: "Vaya, qué marido tan raro tiene. El mío sería demasiado estricto". Y puede que otros ni siquiera quieran una antigua vitrina para porcelana.

Moraleja: Nada de insistir, nada de pensar negativamente sobre si el precio lo hacía inalcanzable; sólo energía positiva y constante, y la certeza de que sería su vitrina para porcelana.

Tengo que admirar esta hermosa actitud positiva porque luego me dijo que estaba trabajando en otro gran objetivo que materializaría pronto.

¿Cuál es su placer? No se quede ahí sentado.

¡SELECCIONELO! ¡PROYÉCTELO! ¡ESPÉRELO! ¡TÓMELO!

SPET

Seleccionar – Proyectar
Esperar – Tomar

SPET es la técnica que utilizo cuando tengo una meta que alcanzar. No es nuevo; personas de todos los ámbitos de la vida lo utilizan en muchas culturas y profesiones. Siga los pasos mientras se los explico con más detalle.

Seleccione un objetivo para empezar. Alguien me ha preguntado si esta técnica se puede utilizar para otros fines que no sean participar en concursos para conseguir productos. ¡SÍ! Esto se puede utilizar para obtener cualquier cosa que desee en los reinos físicos, mentales o espirituales. Pídalo y lo obtendrá.

Proyectarlo puede lograrse de muchas maneras: Véase a sí mismo como si ya lo tuviera. Por ejemplo, los nativos ven la lluvia caer sobre el suelo mientras bailan su famosa Danza de la Lluvia. No ven el principio de la formación de las nubes ni el oscurecimiento del cielo. Sólo ven el resultado final de la lluvia cayendo al suelo. Del mismo modo, un médico, un sanador o un paciente deben ver siempre el resultado final de la salud perfecta del paciente.

Es decir, no deben visualizar que el paciente podría empeorar, sino que ya está 100% bien. Esto no es mentirse a uno mismo; más bien, es ordenar a la Conciencia Superior que traiga a la vida de uno una meta, condición o situación particular deseada.

Esperar es verse a uno mismo como si ya tuviera o disfrutara del resultado final. La siguiente es una sencilla técnica de visualización que me gusta hacer mientras espero que algo se haga realidad. Es un ejercicio de respiración de yoga que cualquiera puede realizar. Sentado en una silla, inhale lentamente durante cuatro a siete segundos o latidos (lo que le resulte más cómodo); aguante la respiración durante cuatro a siete latidos; exhale lentamente durante cuatro a siete latidos; por último, aguante la respiración durante cuatro a siete segundos. Repite esta secuencia respiratoria durante cinco minutos. Mientras realiza esta respiración rítmica, visualícese teniendo lo que desea tener o siendo lo que desea ser.

NOTA: Esta técnica se denomina respiración cuadrada. Inhale durante cuatro segundos, mantenga la respiración durante cuatro segundos, exhale durante cuatro segundos, mantenga la respiración durante cuatro segundos y repita.

Un cierto fenómeno ocurre cuando usted hace este ejercicio especial de respiración. Al exhalar lentamente aproximadamente la cuarta vez, notará una sensación de gran relajación en brazos y piernas. Se sentirá tan cómodo que ni siquiera querrá moverse.

Esto se debe a que se ha reducido la tensión física en los músculos y nervios del cuerpo.

Al mismo tiempo, se produce un segundo fenómeno. Sus ansiedades y sus tensiones mentales también se alivian. Esto deja sus pensamientos y su mente abiertos para que programe sus objetivos. En este estado de relajación, imagine mentalmente el resultado final deseado.

Sea positivo. Pida las cosas buenas de la vida. Se merece lo mejor.

¿De qué otra forma puede expresar los talentos que Dios le ha dado? ¿Cómo puede ayudar a los demás si no está sano y feliz? Necesita energía y una vida de abundancia para realizar su mejor trabajo. Esta técnica ha demostrado ser muy exitosa para mí y para muchos de los estudiantes que la utilizan.

Ser una persona positiva es tan vital e importante para hacer de este proceso y de la vida, en general, una aventura atrevida y deliciosa. Cuidado, que voy a dar más sermones sobre el tema. Lo primero es pensar en positivo, no ser negativo ni mental ni emocionalmente. No se quede pensando en lo que podría salir mal o en lo que no ha funcionado antes. ¡Este es un momento nuevo! Visualice sólo el resultado final y no se preocupe por cómo llegará. Visualícelo y siéntalo como si ya lo hubiera conseguido. En segundo lugar, haga algo constructivo a nivel físico para ayudar a su imagen mental. Tiene que "entrar en acción".

Puede lograrlo utilizando el ejercicio de yoga que compartí con usted antes o privándose de algún placer físico hasta que reciba lo que desea.

Por ejemplo, una mujer mantuvo la televisión apagada durante semanas hasta que recibió (de fuentes inesperadas) el dinero que necesitaba para reparar su casa.

Otra estudiante se subió a su cinta de correr y caminó 15 minutos al día hasta que consiguió un coche nuevo.

— Me visualizaba en un coche nuevo. Podía oler la novedad del interior —. Tres meses después ganó el coche en un concurso de una emisora de radio local.

Puede utilizar cualquier medida disciplinaria que desee y que se ajuste a su modo de vida. Lo importante es que hagas algo para demostrar a tu mente subconsciente que vas en serio y que estás dispuesto a trabajar por lo que quieres invirtiendo la energía necesaria para manifestar tu deseo.

De este modo, se vuelve positivo al realizar algunas tareas adicionales en el plano físico. Si no hace el ejercicio o no utiliza la disciplina que ha elegido, esto es una indicación para el subconsciente sobre que realmente no quería o no le importaba lograr lo que había pedido.

¡Sí! A veces he recogido un premio o resultado final en cuestión de horas, pero la mayoría de las veces, hay un retraso en el resultado; es entonces cuando la mayoría de la gente se impacienta y puede llegar a anular su objetivo con energía negativa. Ser positivo en todas las áreas es una forma de vida para mí. Haga que lo sea también para usted.

Tomarlo es la parte divertida y hace que todo valga la pena. El componente más importante de esto es empezar a amar completamente. AME todo incondicionalmente: las nubes, el viento, las piedras, los árboles, los animales, los insectos y todas las personas con las que entre en contacto. (Esta es a veces la tarea más difícil.) Debe amarlo y respetarlo todo. No se trata de amor físico, sino de un sentimiento universal, un vínculo común y armonía con todo. Mi amigo nativo americano me enseñó que hasta las piedras tienen conciencia propia. La conciencia de Dios está en todo ¡y debemos amarlo todo!

Tiendo a ponerme sentimental cuando recuerdo todas las cosas y experiencias buenas que he tenido y sigo disfrutando. He descubierto que cuanto más utilizas estas técnicas en todos los ámbitos de tu vida, más perspicaz te vuelves. Un sentimiento de calma y satisfacción aflorará cuando se dé cuenta de lo que es la vida en lo físico. Se encontrará a sí mismo siendo más observador y su entendimiento sobre el comportamiento humano tendrá una nueva perspectiva. Eso también le recordará que estamos en este mundo para aprender sobre nosotros mismos y evolucionar. Todos somos "un diamante en bruto", como dice el dicho.

PARTE DOS

EL CONCURSO: ¿LO QUIERES? LO TIENES

Introducción #2

La segunda parte de este libro es una guía paso a paso para participar en concursos para ganar como pasatiempo divertido y rentable. Proporciona conocimientos técnicos y medidas específicas para alcanzar sus objetivos. Enumera cómo configurar sus archivos de concursos y mantener registros.

Las partes de mi diario de experiencias personales se compartirán de forma honesta y precisa y deberían resultar muy útiles y fáciles de entender.

No voy a hacer ninguna declaración o garantía sobre que usted será un ganador consistente. Sólo puedo compartir con usted lo que hice y los resultados que obtuve. ¿Vale la pena el tiempo y el dinero en costos de envío para usted? Usted debe decidir.

Todavía recibo cartas de personas que leyeron la primera parte de este libro y se han beneficiado de mis sugerencias. Es un verdadero placer saber de usted y sus victorias; eso es más poder para usted.

Muchos de los que me escriben o de las personas con las que me encuentro cuando doy conferencias siguen preguntándome: — ¿Qué has ganado últimamente? —.

Para responder a la pregunta principal, sí, seguimos viviendo y disfrutando de la casa de nuestros sueños que ganamos hace unos años.

Después de ganar la casa me han surgido nuevos intereses: El poder de la mente, la auto hipnosis, el desarrollo mental Silva y el auto conocimiento.

He estudiado todos los cursos y programas, aquí y en el extranjero, sobre estos temas. Quería entenderme mejor a mí misma. Durante mis activos viajes y conferencias de costa a costa, ya no tenía tiempo ni interés para participar en sorteos y concursos de escritura creativa.

Un mes de junio, hace varios años, Pat, mi marido, se jubiló de su trabajo de "8 a 5". Yo tomé otra decisión. Quedarme en casa y escribir a tiempo completo. Había conocido a tanta gente emocionante e interesante durante mis conferencias y viajes; quería

escribir y enseñar a los demás cómo podían resolver sus problemas y proyectos con una actitud positiva. Empecé a escribir poniendo en papel las notas que había ido recopilando.

Todavía estoy recopilando la información. También decidí volver a concursar por pura diversión.

Empecé a enviar participaciones el mismo mes en que mi marido se jubiló, para retomar el ritmo. No llevaba un registro de mis actividades diarias ni del número de participaciones que enviaba. Sin embargo, sí llevé un registro de lo que gané entre junio y diciembre. Lo que gané fue lo siguiente: un reloj de viaje, un juguete, un juego de bolígrafos Scheaffer, un cinturón de cuero, una cartera con un cheque de 100 dólares, una pinza de oro para billetes, un cheque por 1.000 dólares, una bolsa de lona, un cheque regalo por 50 dólares más una taza de café personalizada, entradas para el teatro y una cena.

A partir de enero, llevé un calendario diario en el que anotaba las participaciones enviadas, el costo de envío, el tiempo asignado y los objetos ganados.

Creo que cualquier persona puede sentirse identificada con este registro de un vistazo y tal vez desee utilizar estas indicaciones para sus concursos.

Espero que coseche las recompensas, el placer y el éxito que yo sigo encontrando en esta apasionante afición de participar en concursos para GANAR.

Helene Hadsell

CLAVES PARA GANAR

¿Cuántos de ustedes tienen la visión de abrir una carta un día y encontrar un cheque de 100.000 dólares, una llamada telefónica diciéndoles que acaban de ganar en el sorteo promocional de Readers Digest, el sorteo de Publisher's Clearing House o cualquiera de los otros sorteos que se celebran hoy en día?

Alguien gana, ¿por qué no usted? ¿Ha tenido suerte? ¿Conoce al jurado, al director o al patrocinador? ¿Cuál es el truco, el secreto para ganar siempre?

Ganar a lo grande en sorteos, concursos de escritura creativa o loterías pueden ser fantasías para algunos, pero cada vez para más personas, estos sueños se están convirtiendo en realidad. En el pasado, eran las mujeres las que se presentaban a los concursos y ganaban más premios. Una mujer aislada en casa con niños pequeños, limitada en experiencia o educación, soñaba con todos los extras que podía obtener participando en concursos. Ganó porque su deseo era muy intenso y mentalmente lo hizo realidad. "DESEARLO LO HARÁ REALIDAD" no es ficción, es un hecho.

NOTA: Creo que Helene se refiere a Evelyn Ryan, la protagonista del libro The Prize Winner of Defiance Ohio. Una lectura que debe realizar cualquiera que ame esta afición.

Hoy en día, cada vez aparecen más nombres de hombres en las listas de ganadores y se llevan algunos de los grandes premios, especialmente en los concursos de cocina. En un concurso local de recetas patrocinado recientemente por un periódico, se ofrecían veinte premios. Los cuatro primeros ganadores eran hombres, las mujeres sólo se llevaron ocho de los premios y el resto fueron para hombres.

En la actualidad, los supermercados de nuestra zona distribuyen cartones de bingo con cada visita a la tienda.

— Los hombres están haciendo más viajes para comprar un artículo para conseguir los cartones que las mujeres —, dijeron varias cajeras de supermercado cuando les pregunté cuál era la respuesta.

¿Qué nos dice esto? Pues que a casi todo el mundo le gusta la idea de arriesgarse, comprar un boleto y enviar su participación en un sorteo para que le declaren GANADOR.

¿POR QUÉ NO?

Cualquiera puede subirse al TREN DE MARCAS y cocinar con un RADARANGE AMANA, coser en una SINGER, volar vía UNITED o AMERICAN a ese lugar tan especial. Lo llamo el JUEGO DE PEDIRLO Y TOMARLO porque eso es exactamente lo que he estado haciendo, de vez en cuando, durante los últimos veinte años.

Ya se trate de loterías, cartones de bingo, envío de escritos, comprobación de números o inscripción en premios, es DIVERTIDO y EXCITANTE ser un GANADOR.

Por desgracia, no todo el mundo gana. Si alguna vez ha llevado un registro de ganadores, ya sea en deportes, arte, literatura, actuación y, sí, incluso en concursos, descubrirá que la mayoría de las personas ganan constantemente.

Los mismos nombres aparecen en los primeros puestos de la lista de ganadores. ¿Cuál es su secreto?

He leído bastantes de sus comentarios y escuchado sus entrevistas para darme cuenta de que hay un denominador común con los ganadores:

- Deciden lo que quieren.
- Imaginan que lo tienen.
- Saben que lo conseguirán.

Cómo La Actitud Correcta Hace A Un Ganador

Decidir lo que quiere, imaginar que lo tiene y SABER que será suyo son las CLAVES para ser un ganador. Hay otro atributo que salta a la vista en la mayoría de los ganadores: su actitud.

"Eres lo que piensas". Estoy segura que todos están familiarizados con esa frase. En el pasado (ahora deténgase a pensar un momento), ¿tuvo buena suerte? ¿Consiguió el trabajo que quería?

¿Alguna vez ganó algo en una rifa, en el Bingo o en las carreras?

¿Fue constante o es usted un PERDEDOR NATO? Nunca nada salió bien. Siempre gana otro. Las oportunidades en las loterías o los gastos de envío en los sorteos eran una pérdida de tiempo y dinero.

Ahora piénselo un poco. ¿Cómo era su actitud? La idea me pareció buena en su momento. Quería ganar porque Dios sabe que me vendría bien el dinero.

¿Tenías sentimientos de culpa por ganar? Muchas veces esto viene de nuestro trasfondo religioso: "No debo pedir cosas materiales. Eso es pecado".

ERES LO QUE PIENSAS, recuérdelo. No debería llevarle demasiado tiempo darse cuenta ahora que lo que pensaba de usted en el pasado, en realidad ahora lo es.

— De acuerdo, le creo —, puede que ahora esté de acuerdo.

— Entonces, ¿cómo hago para cambiar mi forma de pensar, mi actitud y mi suerte para convertirme en un ganador? —. La respuesta es: PIÉNSELO, HÁGALO, CRÉALO.

El primer paso es tan sencillo que puede que lo pase por alto hasta que se discipline para ser consciente de lo que piensa. Aunque este libro está orientado a ser un ganador en concursos, usted y yo sabemos que LA VIDA ES UN JUEGO. Juguemos a ganar.

Cuando aplique los siguientes principios, se trasladarán a todas las facetas de su vida, su trabajo, su matrimonio, su salud y su riqueza.

Empiece hoy mismo a ser consciente de su forma de pensar. Si en el pasado pensaba: "Yo no", cámbielo por: "¿Por qué no?". Cambie la frase "No puedo" por "Sí puedo".

Hoy es un nuevo día y un nuevo comienzo. Todo lo que pensó o habló en el pasado que significaba duda, fracaso o era de naturaleza negativa se ha ido y enterrado. Ya no necesita morar en el pasado ni identificarte con ninguna dificultad, angustia o desamor que haya experimentado. Dese cuenta que es una persona PODEROSA.

Cada pensamiento que alberga en el miedo, la ira o el dolor parece acumular más energía y, con el tiempo, se convertirá en una realidad. "Aguanta lo suficiente y con fuerza, y lo conseguirás", es una ley cósmica. "No hay fracasos, sólo retrasos en los resultados" también se aplica en este caso. El tiempo que tarda en manifestarse depende de la energía y el pensamiento dirigidos a ello.

¿No tendría sentido para usted lograr una actitud de ganador saludable, rico y exitoso en todas las áreas? Ahora DEBE pensar de forma constructiva y positiva.

SOY UN GANADOR Y LOGRARÉ TODAS MIS METAS.

NOTA: No se avergüence ni se reprenda si sus metas no se manifiestan. La vergüenza es insidiosa. Ni siquiera sabemos que nos estamos haciendo daño a nosotros mismos.

Recuerde, incluso Helene se rindió después de dos años y compró la televisión a color. Su objetivo se manifestó. Helene consiguió su televisión, sólo que no la ganó.

La clave es soltar su apego al resultado. Como enseña Colette Baron Ried, siempre pregunte cuando co-cree y manifieste: "Esto o algo mejor, por el bien mayor de todos".

¿Qué Es Lo Que Quiere?

¿Qué desea conseguir? ¿Cuál es su deseo? Averigüémoslo y sigamos viviendo, amando y aprendiendo en el aula de la vida, donde los HUMILDES heredarán la tierra sólo si tienen el DESEO.

¿ADQUIRIR EL DESEO DE GANAR QUÉ?

Usted ya tiene el deseo de ser un ganador o no estaría leyendo este libro. Pero, ¿qué es lo que quiere ganar en el juego de concursos? ¿Es un coche nuevo, un viaje, dinero, una casa, un barco o un monopatín? ¿Qué, exactamente?

Algunas de las siguientes sugerencias fueron dadas por alumnos que asistieron a mis clases (no necesariamente de concursos).

UN MEJOR TRABAJO... UNA MEJOR VIDA MUCHO DINERO...
UNA ESPOSA SEXY

UN COCHE EXTRANJERO... UN AVIÓN PRIVADO MI NOMBRE EN LUCES... ESCALAR A LA FAMA

UNA MECEDORA... UNA TELEVISIÓN A COLOR UNA CASA DE CAMPO... SEGURIDAD

QUIERO GANAR LA QUINIELA
Y LUEGO RECOSTARME CON SATISFACCIÓN MIENTRAS OTROS QUEDAN ADMIRADOS DE MI GANANCIA

¿QUIÉN YO? TODO LO QUE QUIERO ES PAZ, PODER, PERFECCION

HACER MÍO...
EL CONOCIMIENTO... LA SABIDURÍA... LA COMPRENSIÓN

¿Qué quiere la vecina de cinco años? Pues todo lo que quiere es un puñado de chicle AHORA. Ella quiere hacer una burbuja tan grande como su amiga, Cindy. Una que le cubra toda la

El Concurso: ¿Lo Quieres? Lo Tienes

cara. (Resulta que yo tenía un paquete de medio kilo de goma de mascar a la mano. A mí también me gusta hacer burbujas de chicle). Ella tuvo su deseo inmediatamente.

Algunos de nuestros deseos pueden tardar un poco más en ponerse en marcha. Ten en cuenta que NUNCA HAY FRACASOS, SÓLO RETRASOS EN LOS RESULTADOS.

Una vez, el día de Año Nuevo, hice una lista de las cosas que quería ganar en los sorteos y concursos de ese año venidero.

1. Un horno de microondas. Tengo uno que uso a diario en mi cocina. Me resulta muy práctico y ahorra mucho tiempo; también quería uno para nuestra cabaña del lago.

2. Un coche nuevo. Uno ahorrador de gasolina. Nunca había ganado un coche y pensé que sería un buen proyecto al que apuntarme. Incluso me puse específica y lo pedí blanco con tapicería azul.

3. Un viaje a Hawái. No, nunca he estado en Hawái. Claro, he estado en Europa seis veces, incluso en Rusia y en el interior de México varias veces, pero no en Hawái, ¡todavía no!

4. Cualquier otra victoria, quería dinero en efectivo. Quizá piensen que es un GRAN PEDIDO. Yo lo veo como algo muy divertido.

¿Cuánto tiempo tardaré en alcanzar estos objetivos? Cuando haya proyectado la energía suficiente para hacerlos realidad y haya visualizado tenerlos hasta que haya cumplido mis objetivos. No hay un tiempo establecido.

Tal vez quiera empezar por una sola cosa. De acuerdo, es su organización, así que póngase manos a la obra.

Creo que cuanto más piense y visualice uno sus objetivos y deseos, más energía dirigirá al proyecto y podrá lograrlo con mayor antelación. Para convertirlo en un recordatorio diario, tomé una tarjeta en blanco de 5" x 7" y, con un rotulador, escribí en negrita: HORNO MICROONDAS. COCHE. HAWÁI. DINERO.

La pegué en el tablero del pequeño Hornet que conducía y que pensaba cambiar. Pegué otra tarjeta que decía lo mismo en el soporte para libros que tengo sobre el escritorio. Esto simplemente me recordaba que debía dar energía a mis proyectos pensando en ellos. Cada vez que leía las cartas, cerraba brevemente los ojos

(sólo tardaba entre veinte y treinta segundos) y veía el horno de microondas en la esquina de la encimera de la cocina de nuestra cabaña del lago. Imaginaba que ya lo tenía allí.

Le pedí a mi marido que midiera el espacio que necesitaba y que ampliara la encimera para que cupiera el horno y estuviera listo cuando yo lo ganara. Lo hizo una mañana. Incluso encontró el mismo material para la encimera que hacía juego con la existente y ya estábamos listos.

Mi marido es mi mayor inspiración para ganar. No sólo me anima en todas mis aventuras, sino que también proyecta la imagen del resultado final por mí.

Fue el 1 de enero cuando empecé a proyectar un horno de microondas. Fue el 22 de febrero cuando recibí la llamada del representante local de la empresa Rath Meat. Me dijo que había ganado un Amana Radarange por la receta ganadora que presenté en su concurso de cocina.

Taché el HORNO DE MICROONDAS de mi lista y empecé a concentrarme en los premios del coche, Hawái y el dinero.

Mi foto del resultado final del coche era yo sentada al volante de un coche blanco con tapicería azul. Mi imaginación se hizo tan vívida que empecé a oler la esencia a coche nuevo del interior. Cuando pensaba en mi viaje a Hawái, nos imaginaba a mi marido y a mí paseando por la playa. Los dos llevábamos traje de baño y hacía sol y calor.

El Concurso: ¿Lo Quieres? Lo Tienes

LA DIFERENCIA ENTRE DESEAR Y SABER

Era domingo 27 de marzo cuando, vi un anuncio de una página completa en el periódico de Dallas que anunciaba que una emisora de radio local, KLIF, y los concesionarios Datsun de la zona regalarían doce Datsuns, dos a la semana durante las seis semanas siguientes.

"Ajá", pensé, "una oportunidad para conseguir mi coche".

Los requisitos eran inscribirse en un concesionario local o enviar una tarjeta por correo a la emisora de radio. El reglamento establecía que se sortearían todas las inscripciones recibidas.

El personal de la radio (el D.J., para mí) haría las llamadas y haría la pregunta: "¿Cuál es tu emisora de radio favorita?". Tu respuesta para ser ganador tenía que ser "KLIF 1190 es mi emisora de radio favorita". Una semana después del cierre del concurso, los doce ganadores se reunirían en una sala de exposición local y se realizaría un sorteo de llaves para saber qué Datsun habías ganado. ¿Sería un Hustler, un 8-210, un F-l Sports Wagon o un Honeybee?

Después de leer el anuncio, me emocioné tanto que no me molesté en leer el resto del periódico en ese momento. Me fui inmediatamente a mi mesa. El concurso empezaba el lunes, que era al día siguiente, así que quería participar el primer día porque las posibilidades serían mayores con menos participantes. En un concurso en el que los sorteos duran un largo periodo de tiempo, lo mejor es participar el primer día y luego seguir enviando una o más participaciones cada día hasta que lo llamen. El domingo a las 2PM ya había enviado cuatro cartas.

Copiando un ejemplo de entrada en blanco que aparecía en el anuncio, utilicé cartulina de colores y recorté tarjetas con la forma del coche que aparecía en el anuncio del periódico. El tiempo dedicado a ello añadió energía positiva a mi objetivo. Requiere un poco de esfuerzo por su parte preparar la situación, pero es divertido ser creativo.

Me atrevería a decir que cientos de miles de personas vieron el anuncio de página completa y estoy segura que a muchos les pareció interesante y les entraron ganas de ganar uno de los coches. Algunos dejarían el anuncio a un lado para estudiarlo más a fondo y otros recortarían el espacio en blanco y lo enviarían por correo, lo que sería el primer paso. Para ganar, hay que dar un paso más: imaginarse a uno mismo teniendo el coche o estando en el coche o lo que la imaginación creativa le permita.

El lunes por la mañana empezó para mí la diversión y el juego de esperar la llamada, lo que me convertiría en ganadora del coche. Afortunadamente, en la emisora ponen música country y western, la cual me gusta mucho. No tenía que escuchar la radio todo el día.

Simplemente tenía que contestar correctamente cuando me llamaran. Para no meter la pata, olvidar mencionar KLIF 1190 y salir perdiendo, coloqué una tarjeta junto a todos los teléfonos de toda la casa. Cada una decía: "Cuando te llame un D.J. y te pregunte cuál es tu emisora de radio favorita, responde esto (exactamente): 'KLIF 1190 es mi emisora de radio favorita'". Esto también era para que lo usara mi marido en caso que llamaran cuando yo no estuviera en casa.

Alrededor las dos de la tarde del lunes, anunciaron la primera ganadora, una chica de Dallas. Uno menos, quedan once.

— ¿Cuál seré yo? —, me pregunté.

El viernes llamaron a un hombre de Fort Worth, que dio la respuesta correcta. Mientras tanto, envié por correo una nueva participación todos los días. También fui al concesionario Datsun y vi los coches. También me inscribí y puse mi nombre en su lista.

La semana siguiente escuchaba la estación siempre que estaba en casa. Me di cuenta que llamaban a la gente los lunes y los viernes. El lunes anunciaron a otro ganador. Quedaban nueve coches.

Fue el viernes 8 de abril cuando me desperté y SUPE que ganaría un coche ese día.

La Diferencia Entre Desear y Saber

En este punto, permítame definir la diferencia entre DESEO y SABER. EL DESEO ES UNA ANTICIPACIÓN EXCITADA. SABER ES UNA SEGURIDAD SERENA. Por ejemplo, está presente en un sorteo y le tocan los tres primeros números. Siente que está a punto de explotar. Dicen el último número y pierde por un número.

Este es un sentimiento de DESEO y es uno muy común. Ha reprimido energía y quiere que suceda. Desafortunadamente, no hubo suficiente energía proyectada para que se lograra en ese momento.

Cuando SABES algo es un sentimiento diferente. Tienes una seguridad tranquila y fría; toda la ansiedad ha desaparecido; ya está hecho. Todo lo que queda ahora es experimentar la presentación física ESTAR TRANQUILO Y CALMADO CUANDO RECOJAS EL PREMIO. Es una buena sensación.

Hágase consciente de esta sensación de CONOCIMIENTO en todas las áreas de su vida y estará bien encaminado hacia la total "Conciencia del Yo".

No es negativo SABER que a veces no va a ganar en algo. Simplemente le permite SABER que no se ha proyectado la energía suficiente para hacerlo realidad.

Puede jugar y engañarse dejando su trabajo porque tiene el DESEO de ganar un premio de 100.000 dólares. Pero hasta que no conozca la diferencia entre DESEO y SABER, no sea imprudente. Conserve su trabajo. Algún día conocerá la diferencia con la "Conciencia del Yo".

Hace varios años, di una conferencia a un grupo de mujeres de negocios en una convención en Fort Worth; la literatura que se envió por correo a los miembros acerca de que yo era la oradora debe haber impresionado a una de las mujeres. Se me acercó justo antes de que empezara el programa y me contó su deseo. Mañana por la noche, la última noche de la convención, se sortearía un premio. El premio era un crucero por el océano.

— Lo deseo tanto que puedo saborear el agua salada —, me dijo.

— Mi marido y yo tenemos problemas y, creo que, si pasamos este tiempo juntos, podremos solucionarlo —, continuó. — Sé que si proyectas suficiente energía para que gane este crucero, lo conseguiré —, concluyó. Suspiró y se tranquilizó.

— Ya tienes el crucero —, le aseguré. — Mañana por la noche, cuando hagan el sorteo y digan tu nombre, hazte la sorprendida. Esperan que lo hagas —.

Poco después de las ocho de la noche siguiente, llamó.

— ¡He ganado! Sabía que lo haría después de hablar contigo, pero ¿cómo lo sabías? —, preguntó.

— ¿Recuerdas cuando suspiraste como si te hubieran quitado un gran peso de encima? —, le pregunté.

— Sí, me sentí muy aliviada por haber podido hablar contigo antes del programa. Me preocupaba que alguien pudiera llegar a ti primero y pedirte que le ayudaras a ganar —, explicó.

La Diferencia Entre Desear y Saber

De hecho, otra persona se me había acercado antes y me había pedido ayuda para ganar. Así lo hice. Obviamente, ella no quería este crucero en particular. Eso no quiere decir que nunca vaya a tomar o ganar un crucero. Sólo significa que, en ese momento, no tenía la energía suficiente para hacerlo realidad. Si sigue siendo importante para ella, debe seguir dándole energía hasta que esté

realmente en el barco. La mayoría de la gente nunca completa sus objetivos. Pasan a otra cosa.

Hace algunos años, tuve un sueño algo extraño. Estaba en un gran salón repleto de mercancías. Había coches, barcos, ropa, muebles, electrodomésticos y televisiones. Un hombre estaba en la puerta como esperando. Le pregunté a quién pertenecía toda esa mercancía. Su respuesta fue:

— Aquí se guardan los sueños de la gente. El problema es que se rinden y liberan la energía demasiado pronto, así que los guardo. De vez en cuando, algunos vuelven y reclaman sus sueños —.

¿Alguno de ustedes tiene algo guardado en esa habitación? No sea caprichoso. Si tiene una meta o un deseo, aguante hasta conseguirlo. Además, debo aconsejarle que se asegure de que lo quiere antes de enviar toda esa buena energía.

Antes de concluir nuestra conversación, le dije a la ganadora del crucero que, si su matrimonio era tan importante para ella como ganar ese viaje, estaba segura que podría resolver ese problema, con crucero o sin él.

Proyectar energía hacia cualquier objetivo con determinación firme acabará siendo fructífero. Esto se aplica a cualquier situación.

En los concursos, es doblemente emocionante cuando tienes la sensación de SABER porque significa que has tenido éxito en tu proyecto y es hora de marcarte otro objetivo. Un sabio dijo una vez: "Las tres cosas en la vida que hacen que ésta valga la pena son: sentirse útil haciendo algo, ser querido por alguien y tener algo que esperar".

Eran poco después de las cuatro de la tarde del día en que supe que iba a ganar mi coche. Sonó el teléfono. Era mi marido. Estaba arreglando las cañerías de nuestra casa de alquiler. Había roto una tubería y quería que yo fuera al fontanero a buscar un accesorio. Yo no quería ir porque quería estar en casa cuando me llamaran de la emisora de radio para decirme que era la ganadora de su cuarto Datsun. Podría llamarla "la prueba máxima conmigo misma". Estaba tan segura que ganaría que me dije que llamarían cuando volviera a casa, ya que tardaría menos de media hora. Me fui. Era el viernes anterior a Pascua y muchas de las tiendas cerraban temprano.

Tuve que ir de ferretería en ferretería. Finalmente encontré el accesorio y se lo llevé a mi marido. Cuando volví a casa, eran más de las seis de la tarde. Encendí la radio y el presentador acababa de anunciar que ya tenían cuatro ganadores y que volverían a llamar a la gente el lunes. No lo podía creer. ¿Cómo había fallado? Estaba tan segura que mi sensación de SABER era correcta.

Sonó el teléfono. Era mi hijo mayor, que vivía en un apartamento al otro lado de la ciudad y venía de vez en cuando a comer gratis o a ver si tenía correo para él.

— Hola, mamá, he ganado un Datsun hace como una hora —, anunció tranquilamente. Había pasado por casa para comprobar el correo cuando sonó el teléfono. Alguien pidió hablar conmigo. Les dijo que yo no estaba, pero que si podía ayudarles o tomar el recado.

— Pues sí, puedes, ¿cuál es la emisora de radio favorita de tu madre? —.

— Por un segundo, me agarró desprevenido —, me dijo, — luego vi la tarjeta pegada al teléfono y supe de qué se trataba. Así que contesté: "KLIF 1190 es su emisora de radio favorita" —.

— Tu madre estará orgullosa de ti esta noche. Acabas de hacerle ganar un Datsun nuevo —, anunció.

Más tarde escuché la llamada grabada cuando reprodujeron la conversación con mi hijo. La gran pregunta: ¿Habría ganado aquel viernes si mi hijo no hubiera estado allí para contestar al teléfono? Mientras escuchaba la semana anterior, varias veces cuando hacían llamadas y no había respuesta, sacaban otro nombre.

La Diferencia Entre Desear y Saber

¿Tenía que estar mi hijo allí en ese momento para hacerlo posible? No tengo la respuesta. Simplemente SABÍA que ganaría ese día.

NOTA: Actualmente, la mayoría de las reglas oficiales establecen que el participante debe ser el que califique o gane el premio. Por lo tanto, en este ejemplo, Helene habría sido descalificada, ya que fue su hijo quien contestó, independientemente de si tenía la respuesta correcta o no. Dicho esto, si Helene concursara ahora, llevaría consigo un teléfono móvil.

Cuando se sortearon los doce ganadores, todos nos reunimos en la sala de exposiciones para sortear las llaves de uno de los doce autos. No había ningún coche blanco con tapicería azul.

En su lugar, gané una camioneta azul. Desde luego, no era el coche que había proyectado.

Para mí, ese no era el resultado final. Puse un anuncio en el periódico la semana siguiente y la vendí. Esta victoria resultó ser DINERO.

Claro, podría haber salido y comprado un auto, el que yo quería, con el dinero que recibí por la venta de la camioneta, pero no era así como yo lo quería. Todavía había un coche blanco con tapicería azul ahí fuera para que yo lo GANARA.

Durante el resto de ese año, gané premios menores en mercancía y varios premios en efectivo. Sí, suficiente para comprarme el coche y hacer un viaje a Hawái. Pero eso no sería nada divertido. Tuve la paciencia de seguir proyectando energía hasta que recibiera la llamada telefónica que me avisara que había ganado un viaje a Hawái, un coche o grandes premios en efectivo.

Alguien dijo una vez que se necesita paciencia, persistencia y gastos de envío para ser ganador de un concurso. Estoy de acuerdo con esa afirmación, pero creo que lo que hace que suceda es la energía que dirijas hacia ello. No confíes en la SUERTE. La SUERTE es como una muleta de goma: te dejará tirado cuando intentes apoyarte en ella.

HÁGALO REALIDAD. Decida lo que quiere y ayúdelo dándole energía para que lo consiga.

Participar en concursos es una vía excelente porque le ofrece las cosas materiales a las que debería haber estado acostumbrado desde hace mucho tiempo.

Material Para El Concursante

En el negocio de los concursos, como en cualquier otro, un peso ahorrado es un peso ganado. Los suministros suponen una gran parte del coste y son, por tanto, un objetivo de ahorro.

NOTA: Helene fue jugadora/concursante en los años 60, 70 y 80. No participaba por Internet ni con el celular. Por favor, tenga esto en cuenta al leer los próximos capítulos si usted siente que su consejo es anticuado. Dicho esto, sus consejos para los envíos por correo y el seguimiento siguen siendo aplicables.

SOBRES

1. Compruebe si hay rebajas tanto en tiendas de material de oficina como en tiendas de descuento.

2. Los precios por unidad son significativamente más bajos cuando se compran grandes cantidades al mismo tiempo.

3. Si el espacio para almacenar los suministros es limitado, puede compartir las compras más grandes con otros concursantes.

4. No pase por alto el reutilizar los sobres que reciba. Si no están muy marcados, puede pegar cinta adhesiva de colores o utilizar un lápiz de color para tapar la dirección del remitente.

5. Llame o visite las imprentas locales. Muchas veces tienen exceso de existencias o los sobres se imprimen mal y son desechados. Puede conseguirlos a bajo coste y tapar la impresión con un eslogan adhesivo, un rotulador de marcas o lo que sea.

6. El tamaño o el color del sobre, en la mayoría de los casos, no importa a la hora de participar en sorteos. Muchas veces, las normas del concurso establecen que sólo se puede presentar un sobre de tamaño #10 (9 1/2" x 4 1/8") o más pequeño. SIGA LAS NORMAS AL PIE DE LA LETRA.

PLUMAS Y LÁPICES

Las plumas y los lápices son más baratos en grandes cantidades. Ten a mano una buena cantidad de plumas de colores. Es más fácil escribir con ellas y rompe la monotonía de usar el mismo color.

PAPEL Y TARJETAS

La mayoría de los reglamentos exigen que el nombre se escriba en un papel de 3" x 5". En ese caso, se admite cualquier tipo de papel. De nuevo, le sugiero que se haga amigo de las imprentas. A veces tienen copias de prueba y sobrantes que no pueden utilizar. Las oficinas suelen deshacerse del papel con membrete o de los formularios revisados.

Pregunte a amigos que trabajen en oficinas, ya que es una fuente de la que podría beneficiarse. Cualquier color o gramaje de papel es válido.

Algunas normas establecen que hay que escribir el nombre en una tarjeta de 3" x 5". Si esta es su petición, entonces, absolutamente, utilice una tarjeta. Las tarjetas se pueden comprar en cualquier tienda de descuentos. Tal vez tenga una tienda de cargas no reclamadas en su zona. También es una buena fuente de productos de papel más baratos.

Una de mis amigas concursantes consigue su papel en la imprenta de periódicos. Suelen tener rollos de los que se deshacen. Ella tiene una cortadora de papel y siempre tiene a mano un buen suministro de 3 x 5. También es generosa y todos nos beneficiamos de su suministro. LO GRATIS ES MUCHO MEJOR QUE LO BARATO.

LLEVAR UN REGISTRO

Llevo un registro detallado de las actividades del concurso en un calendario de tamaño gigante, una inversión que vale la pena.

Cada día, al sacar los sobres de la caja, cuento los sellos que pego y anoto cuántos envío. También anoto cuánto tiempo he dedicado a firmar con mi nombre o a poner la dirección en los sobres.

Anote cada centavo gastado en papel, sobres y sellos. Eso forma parte de los gastos y puede deducirse a final de año para los registros del impuesto sobre la renta. Asegúrese de extender un cheque u obtener un recibo de la oficina de correos por los sellos comprados. Es el gasto más importante. No envidie el dinero del costo de envíos gastado. Cuando sello mis sobres antes de enviarlos por correo, proyecto mentalmente energía positiva en cada uno de ellos. energía positiva a cada sobre pensando: "AQUÍ VA OTRO GANADOR QUE ME DEVOLVERÁ EL RESULTADO FINAL".

No seas como la mujer que una vez tuve como vecina. Una tarde me llamó y me preguntó si podía acompañarme en coche a la oficina de correos. (Hablamos antes por encima de la cerca, así que sabía que yo iba a hacer un viaje más tarde). Participaba en concursos a medias porque sabía que yo seguía ganando cosas.

Cuando llegamos a la oficina de correos, se asomó para depositar nuestros trabajos en el buzón de la acera.

Al introducirlas en la ranura, volteó a verme mí y me dijo:

— Bueno, ahí va otro pedazo de nada —.

Me quedé estupefacta. Nunca ganó nada mientras la conocí. Más tarde se mudó y se llevó su tristeza con ella.

Todos tenemos periodos de "bajones" de vez en cuando. Si son constantes, son realmente terribles. Si le ocurre esto, haga un esfuerzo considerable por recuperar un estado de ánimo positivo. Lea algo inspirador, escuche música de violín; es uno de los sonidos más inspiradores y relajantes que se pueden experimentar.

Recuerde que usted controla sus pensamientos. Cámbielo si lo está hundiendo.

El Concurso: ¿Lo Quieres? Lo Tienes

Pasos A Seguir Para Entrar en Concursos

A continuación, se muestra un ejemplo de un concurso en el que participé. Nota: El reglamento establece que el sello debe ser del 17 de octubre. Para que el sello diera como fecha límite el 17 de octubre, envié por correo mi última participación el 13 o el 14 de octubre para estar segura.

EL SORTEO MÁS PEQUEÑO DE SAFEGUARD. GRAN PREMIO: (1) Un viaje de dos semanas para dos personas a los países más pequeños de Europa: Mónaco, El Vaticano, Liechtenstein, Luxemburgo, etc. con valor de 5.000 dólares o, una alternativa, 5.000 dólares en efectivo. PRIMER PREMIO: (5) Televisiones a color, marca Sony. SEGUNDO PREMIO: (10) Hornos microondas, marca Litton. TERCER PREMIO: (20) Cámaras Polaroid SX-70. CUARTO PREMIO: (1000) Calculadoras, marca Novus. ABIERTO A: Residentes en Estados Unidos, incluidos los residentes en Florida. NULO PARA: Missouri, Ohio, Utah, Vermont y donde la ley lo prohíba. FECHA LÍMITE: Las inscripciones deben estar selladas antes del 17 de octubre de 1977. CÓMO PARTICIPAR: En un Formulario Oficial de Participación o en una hoja de papel normal de 3" x 5", escriba con letra manuscrita su nombre, dirección, código postal y número de teléfono junto con su huella. Cada participación presentada debe ir acompañada de uno de los siguientes elementos: dos (2) envoltorios de cualquier tamaño de Safeguard, o un trozo de papel normal de 3" x 5" en el que haya impreso las palabras "Safeguard's Smallest Soapstakes". Participe tantas veces como desee, pero envíe por correo cada participación por separado en un sobre escrito a mano de un tamaño no superior a 9 1/2" x 4 1/8" (sobre nº 10) a: Safeguard's Smallest Soapstakes, P.O. Box 1831, Blair, Nebraska 68009. La participación en el sorteo a través de formularios de inscripción distribuidos en tiendas minoristas no es válida en Wisconsin, Maryland, Virginia Occidental y Dakota del Sur.

Las promociones de concursos suelen anunciarse de tres a cinco meses antes de la fecha límite. ¿Por qué agobiarse y frustrarse cuando puede abordar y preparar sus participaciones con el siguiente método?

1.   Después de leer las bases, decida cuántas participaciones quiere enviar.

2.   Tome los sobres que tenga almacenados y prepare un sobre de la siguiente manera: donde quiero pegar el sello, escribo la fecha en la que quiero empezar a enviar mis participaciones y cuándo quiero enviar la última.

3.   A continuación, cuente 100 trozos de papel de 3" x 5" y, con una liga, sujételos a los cincuenta sobres. Cincuenta trozos de papel son para escribir su nombre, dirección, código postal y número de teléfono. Los otros cincuenta son para escribir las palabras 'Safeguard's Smallest Soapstakes'. Cuando tenga tiempo libre, puede poner la dirección en los sobres. Asegúrese de escribir los sobres a mano, tal y como indican las normas.

Cuando veo la tele, me siento bajo el secador en el salón de belleza o en el coche de camino a nuestra cabaña del lago con mi marido, suelo tener dos o tres paquetes listos para colocarles la dirección.

Es realmente una forma fácil y sencilla de participar en concursos cuando se sigue un sistema. Cuando termino de escribir la dirección, sólo tardo unos minutos en archivarlas. Utilizo este procedimiento en todos los concursos en los que participo.

NOTA: Si Helene estuviera participando ahora, estaría utilizando su tiempo de inactividad para enviar mensajes de texto o participar en concursos de redes sociales en su teléfono móvil, organizándolos en su navegador o utilizando RoboForm.

Si encuentro formularios de participación en tiendas de comestibles o farmacias, los utilizo. Las revistas suelen incluir las bases de los concursos. La experiencia me ha enseñado que el hecho de utilizar un formulario oficial o un trozo de papel o una tarjeta de 3" x 5" no influye en absoluto en las posibilidades de ganar. Lo más importante es participar. Ya envíes dos, veinte o doscientos, intenta participar en todos los concursos que se presenten, siempre que te interesen los premios.

CUÁNDO ENVIAR

A algunas personas les gusta enviar sus trabajos de una sola vez, al principio, a mediados o al final del concurso. Las empresas de evaluación afirman que más de la mitad de los trabajos presentados en los concursos llegan en las dos últimas semanas antes de la fecha límite.

Este es el método que yo utilizo para enviar las participaciones: después de colocar la dirección en los sobres, los coloco en mi archivador en diferentes momentos antes de la última fecha de envío. En el concurso Safeguard, la fecha límite era el 17 de octubre. Yo comencé a enviar los cincuenta sobres el 18 de septiembre. Los espacié entre el 18 de septiembre y la fecha del sello del 17 de octubre. Algunos días envié dos, otros uno y otros envié más. Utilizo este método porque me gusta tener la oportunidad de entrar en más de una bolsa de correo.

Permítame explicar lo que quiero decir con esto.

En mis investigaciones y lecturas sobre cómo se seleccionan los sorteos, me enteré de la siguiente información: El día en que se celebra un sorteo en la agencia de selección, se numeran las bolsas de lona del correo, llenas de participaciones. Si hay cincuenta sacos, se colocan cincuenta tiras de papel en un tambor metálico de selección, numeradas del 1 al 50. Cada papelito numerado representa un saco de correo numerado.

Para elegir al ganador del gran premio, se venda los ojos a un directivo de la empresa evaluadora y se le conduce hasta el tambor de selección. El tambor gira varias veces para garantizar una selección al azar. El ejecutivo mete la mano por la abertura con bisagras de la parte superior del tambor y saca un solo papel. Se lee el número y, aún con los ojos vendados, la persona que realiza el sorteo es conducida al saco de correo con el número correspondiente. Se introduce la mano y se saca un sobre.

La selección de participaciones continúa de esta manera hasta que todos los ganadores del concurso son seleccionados.

Se comprueba el sello para garantizar el cumplimiento de la fecha límite. Cinco de cada cien entradas seleccionadas como ganadoras son descalificadas. ¿Por qué? Porque utilizan un tamaño incorrecto de papel; usan un sello de caucho para indicar el nombre y la dirección cuando las normas exigen que el participante "escriba a mano" esa información; escritura en estilo cursiva en lugar de manuscrita; sobres sellados después de la fecha de cierre; no indicar en el formulario de participación el nombre y la dirección de la tienda donde se obtuvo el formulario en blanco para la participación o el lugar donde compra regularmente. Esta pregunta se hace a menudo y no puede faltar la respuesta.

La mayoría de los ganadores utilizan un trozo de papel de 3" x 5" en lugar del formulario oficial. Sólo un pequeño número de participaciones ganadoras contienen una tapa de caja o un envoltorio. La mayoría de los ganadores utilizan un sustituto de 3" x 5" para escribir el nombre del producto.

NOTA: Puede utilizar un método similar para los sorteos en línea de una sola participación. Puede marcar la página del sorteo para entrar a mitad del período de participación y conseguir un efecto similar al de estar en medio del grupo de participantes para los programas de sorteo aleatorio informatizado.

OBTENER UNA DECLARACIÓN JURADA

Cuando gana un concurso y recibe una notificación por escrito de la empresa juzgadora o del patrocinador, a veces le piden que firme un formulario para verificar su nombre, dirección y número de la Seguridad Social. Se le pide que lo haga firmar ante notario y que lo devuelva en el sobre que le proporcionan con su dirección. Asegúrese de hacer una copia para usted. Si no recibe su premio o no tiene noticias de la empresa en un plazo razonable, sabrá a dónde escribir.

NOTA: Si desea aprender a encontrar, organizar, participar y ganar sorteos y regalos, puede dominar el arte de los concursos, paso a paso, en mi libro ¡Cómo ganar dinero, coches, viajes y mucho más! Combínelo con el método SPET de Helene y tendrá una fórmula ganadora moderna.

CUANDO PROYECTAR Y DAR ENERGÍA

Cuando escriba y envíe los sobres para un determinado concurso, proyecte mentalmente el premio que quiere ganar. Cuando envíe el sobre, dele energía para que sea el ganador. Cada vez que le venga a la mente, véase a sí mismo como si ya tuviera y disfrutara del premio.

BUSQUE QUE OCURRAN COSAS EMOCIONANTES,
¡PORQUE OCURRIRÁN!

EL CONCURSO: ¿LO QUIERES? LO TIENES

Preguntas Frecuentes De Mis Estudiantes

1. ¿Qué pasa con el impuesto sobre los ingresos?

¿Qué ocurre con el impuesto sobre los ingrsos?

Las ganancias del concurso, una vez deducidos los gastos, se consideran ingresos ordinarios. No tenga reparos en pagar sus impuestos. El 75% de algo es mejor que el 100% de nada. Consulte a su Hacienda para casos especificos.

2. ¿Cuándo me avisarán que gané?

Una vez seleccionados los ganadores por el jurado, el patrocinador imprime una lista con los ganadores. Si la solicita, le enviarán una copia por correo, siempre que incluya un sobre con su dirección sellado.

Pueden pasar una o dos semanas desde el cierre del concurso hasta que se le notifique. Es posible que reciba una llamada telefónica (si se trata de un premio importante) o una carta informándole de su premio. Si ganó un premio pequeño, simplemente, recibe un paquete con lo que ganó y una nota diciendo que ese es su premio por participar en el concurso. Yo he recibido paquetes hasta tres meses después del cierre de un concurso. Pida la lista de ganadores si quiere asegurarse de haber ganado o no un concurso en concreto.

3. ¿Es necesario utilizar una dirección de remitente en mi sobre de envío?

No, no es necesario. Si no la utiliza, puede imprimirla, escribirla o utilizar un sello de caucho o una pegatina. Si va a enviar muchas participaciones, le llevará mucho tiempo utilizarla. Eso sí, asegúrese que la dirección que envía es correcta.

4. ¿Puedo abreviar la dirección postal para ahorrar tiempo?

Sí, pero tenga cuidado con las abreviaturas. Puede abreviar el "Apartado de Correos" a simplemente "Correos" y también puede abreviar el nombre del Estado. Si envía treinta participaciones a Massachusetts, se ahorrará bastante tiempo usando simplemente MA.

5. ¿Sirve de algo utilizar sobres de colores al participar en los sorteos?

No. Los sorteos los realiza alguien con los ojos vendados. Por lo tanto, cualquier color especial, decoración, etc., no supone ninguna ventaja real. Además, los sobres de colores son más caros que los blancos. Diré que, si CREE que los sobres de color le ayudarán a ganar, entonces está dirigiendo más energía hacia su victoria.

Entonces es tu CREENCIA (pensamiento positivo) la que está ayudando a que suceda, más que el color.

6. ¿Cuál es la diferencia entre letra manuscrita, letra de escrita y letra de imprenta?

La "letra escrita" significa escribir en cursiva, como si firmara con su nombre. La "letra manuscrita" significa que debe escribir la información requerida a mano, sin utilizar una máquina de escribir, un sello o una computadora. Si las normas indican que debe escribir en "letra de imprenta" o "letra impresa", significa que debe utilizar TODAS LAS LETRAS MAYÚSCULAS. No tienen que ser una obra de arte, sólo legibles.

7. ¿Qué se considera un papel normal? ¿Importa el color? ¿Es aceptable una tarjeta?

El color del papel que se utilice no hace diferencia alguna, a menos que las normas exijan un color determinado (lo cual es poco común). Un "papel normal" es simplemente eso: un papel normal.

Sin líneas. Sin adornos. Una vez más, el color no hace ninguna diferencia a menos que se especifique lo contrario. Si el reglamento exige un "trozo de papel", puede tener línea, recuadros, etc.

Normalmente, las normas especifican que el papel debe tener un tamaño determinado (3" x 5" es lo más común). En este caso, asegúrese que el papel sea de 3" x 5", no de 3 1/4" x 5". Las empresas de evaluación son muy estrictas con las normas. Algunas incluso miden para ver si el papel o la tarjeta es de 3" x 5". Tengo entendido que pueden permitir una diferencia de 1/8" en el tamaño del papel.

Algunos jueces aceptan una tarjeta en lugar de un trozo de papel. Pero más vale prevenir que lamentar. Si las normas exigen papel, utilice papel. Si piden una tarjeta, use una tarjeta. Siempre puede sentirse seguro si sigue las reglas ¡AL PIE DE LA LETRA!

8. ¿Cuál es el sobre más adecuado?

El #10 (9 1/2" x 4 1/8") es probablemente el mejor. Ofrece el tamaño más grande sin correr el riesgo de ser rechazado. Algunas personas utilizan sobres manila muy grandes. Naturalmente, esto les da una ventaja. Estoy segura que ésta es la razón por la que cada vez más normas especifican un sobre "no mayor de 9 1/2" x 4 1/8" (sobre #10)". Por supuesto, puede utilizar sobres más pequeños. No hay mucha diferencia en precio por sobre entre un #10 y un #6 3/4.

9. ¿Es necesario entrecomillar las palabras que se van a escribir?

Pongamos un ejemplo: Las normas dicen que hay que escribir las palabras "Safeguard's Smallest Soapstakes" en un papel de 3" x 5". Aquí las comillas se utilizan para separar las palabras que se van a escribir del resto de las palabras de la frase. En este caso, puede que elija o no utilizar estas comillas. En otro caso, las normas pueden indicar que se escriban las palabras: Sorteo "Beautiful You" de Dove. En este caso, definitivamente debe usarlas ya que están dentro de la frase a escribir.

10. ¿Vale la pena participar en los Sorteos de Segunda Oportunidad o la mayoría de los premios se conceden a Ganadores Instantáneos?

Normalmente se ganan pocos premios, si es que se gana alguno, en las secciones de "Ganador Instantáneo" de los sorteos. Esto significa que aún quedan muchos premios por entregar en el Sorteo de Segunda Oportunidad, lo que hace que valga la pena participar.

El Concurso: ¿Lo Quieres? Lo Tienes

NOTA: Este consejo ha cambiado considerablemente, ya que muchos sorteos en linea tienen tanto grandes premios como premios instantáneos. Lee las normas oficiales para conocer los detalles de los premios y sorteos y así saber cómo y cuándo puedes ganar.

11. ¿Puedo enviar participaciones en nombre de otra persona?

Sí, pero asegúrese que cumple con todos los requisitos del sorteo. El estado en el que viva no debe ser un estado "nulo" y deben cumplir todos los demás requisitos personales que puedan figurar en las normas, como edad, licencia de conducir, etc. Tenga en cuenta que, si el nombre de esa persona resulta ganador, el premio se entregará a nombre de ella, por lo que deberá declararlo en su declaración de impuestos y es posible que también tenga que pagar impuestos por el premio. Todas estas cosas deben tenerse en cuenta antes de proceder.

12. ¿Qué significa que los premios son intransferibles?

Significa simplemente que el premio se concede en nombre y a favor de la persona cuyo nombre salga sorteado como ganador. No se concederá a nombre de otra persona, aunque así lo solicite. Una vez entregado el premio, el ganador podrá hacer lo que desee: quedárselo, venderlo o regalarlo.

13. ¿Cómo decide cuántas participaciones quiere enviar a un concurso en particular?

Miro la lista de premios. Si algo me entusiasma, como un viaje a Hawai, envío cincuenta participaciones.

Alguien sugirió este método para decidir cuántas participaciones enviar en cada sorteo: No gastes más en gastos de envío que el valor del último premio. Es una regla empírica, pero no siempre aplicable.

Puede resultarle útil establecer un presupuesto para sorteos, destinando una cantidad al mes para gastos de envío. Por ejemplo, 25 dólares al mes. Esto significa que puede enviar cien participaciones al mes, lo que equivale a unas tres participaciones al día. Los ganadores constantes participan seguido y consistentemente.

NOTA: En primer lugar, como la mayoría de las inscripciones se realizan ahora en línea, su presupuesto para envíos por correo no se calculará de la misma forma que Helene presupuestó el suyo. En segundo lugar, las tarifas postales no son las mismas que cuando se escribió este libro originalmente; por lo tanto, sus cálculos para los regalos por correo tendrán que ajustarse de acuerdo a esto.

14. ¿A qué concursos/sorteos debo enviar mis participaciones, ya que hay tantos?

En primer lugar, los premios deben ser premios que le gustaría ganar. Así que fije objetivos de premios, como mi familia y yo siempre hacemos, y luego concentre sus participaciones en los concursos y sorteos que ofrezcan esos premios.

15. ¿Tienen más posibilidades de ganar las participaciones con el Formulario de participación oficial y el comprobante de compra que las que utilizan un sustituto de 3" x 5"?

¡NO! Es igual que los sobres de colores. Los sorteos se realizan con los ojos vendados y al azar. De hecho, la mayoría de los ganadores utilizan los sustitutos, ya que los sobres oficiales son difíciles de encontrar en grandes cantidades. Lo mismo ocurre con el comprobante de compra y su sustituto. Al participar en sorteos, no es necesario realizar una compra. Cuando un sorteo solicita un comprobante de compra (tapa de la caja, solapa final, envoltorio, etc.), siempre encontrará un clasificador sustitutivo (facsímil dibujado a mano) permitido. Suele tratarse de una tarjeta de 3" x 5" con cierta información que debe imprimirse o escribirse.

16. ¿Tengo más posibilidades de ganar en los concursos y sorteos locales?

Definitivamente. La competencia es menor, ya que las inscripciones están restringidas a menos personas, en comparación con los nacionales. Debe prestar atención a la radio, la televisión y el periódico locales para estas promociones. Utilice en ellas los mismos principios que en las nacionales.

17. ¿Cuántos concursos recuerda haber ganado?

Todos. La vida es un concurso y yo me considero una GANADORA. Ya sea un producto, un trabajo, un problema de salud o lo que sea. Desde luego, no me rendiré hasta que consiga lo que me propongo. Para mí, no hay fracasos, sólo un retraso en los resultados. Cuando logro uno de mis proyectos, voy por el siguiente.

18. Acabo de terminar de leer un libro sobre una perspectiva de principios positivos. Decía: "Reza por lo que quiera, pero esté dispuesto a aceptar lo que Dios le dé". ¿Qué le parece esta sugerencia? Cuando era niña, me decían que la voluntad de Dios era que algunas personas fueran pobres y, supuestamente, nosotros éramos una de esas familias "desafortunadas". No creía lo que me decían, así que me puse a buscar la "verdad". (Esta es una cita directa de una carta que recibí).

El libro que usted leyó y citó era la opinión del autor. Mi libro es mi opinión a partir de mis experiencias hasta la fecha. Usted también tiene su opinión y libre albedrío e, interiormente, sabe lo que le conviene. Si sus padres aceptaron la pobreza porque pensaban que era la voluntad de Dios, entonces ésa era su opinión y la limitación que se impusieron a sí mismos. Cuando llegamos a un punto sin retorno y nos decimos: "Tiene que haber algo más", empezamos a progresar. Cada día es un nuevo día, un nuevo comienzo. Nunca debemos quedarnos en el pasado, salvo para darnos cuenta del fantástico aprendizaje del que hemos salido.

Yo también me crie en medio de la pobreza, la limitación y el dogma religioso que me mantenía esclavizada por la culpa. No podía aceptarlo, así que me aventuré a salir de ese entorno para hacer mis propias cosas. Ya no acepto ni rechazo a las personas ni sus opiniones. Las comprendo. Hace algunos años, me dieron una copia de los conceptos de alguien titulados; Desiderata. Encontré tanto aliento, verdad y sentido común en el escrito, que guardo una copia sobre mi escritorio en mi oficina para no olvidar de qué se trata esta vida.

NOTA: He incluido una copia del poema Desiderata al final de este libro. Espero que le resulte tan inspirador como a Helene.

19. ¿Me contestarías si te escribiera una carta para preguntarte algo?

Depende de la carta. Muchas veces no es necesario. Alguien puede escribirme simplemente para decirme que ha ganado un viaje después de leer el libro y que está adquiriendo una nueva perspectiva de la vida. Algunos tienen problemas de salud y piden energía para ayudarles a afrontar o sanar una situación.

Si tiene varias preguntas y necesita una respuesta, sólo tiene que enviar un sobre con su dirección y estampilla, ya que suelo contestar mandando el correo de regreso a su remitente. No me importa hacerlo porque estamos aquí para ayudarnos los unos a los otros.

NOTA: Al igual que Helene, con frecuencia recibo noticias de "jugadores". Algunos han ganado un premio y quieren compartir la alegría. Otros me envían sus preguntas. También respondo a esas preguntas en línea (a través del blog, artículo, vídeo, publicación en redes sociales, etc.). Si tiene alguna pregunta o comentario, envíemelo a questions@contestqueen.com

20. ¿Tiene algo que ver la PES con ganar concursos? ¿Cómo se desarrolla?

La Percepción Extra Sensorial o la Proyección Sensorial Efectiva sí ayudan. La mayoría de la gente sigue pensando que PES significa Percepción Extra Sensorial, que poca gente la tiene, y que sólo se tiene PES si se puede saber cuántas monedas tiene alguien en el bolsillo.

La Proyección Sensorial Efectiva no es más que proyectar energía hacia un resultado final. Verlo como si ya se tuviera. Eso lo puede hacer cualquiera. Percepción Sensorial Efectiva no es más que ser consciente de la gente y las cosas que te rodean. Puedes leer a las personas simplemente escuchándolas y observando sus gestos corporales.

Si está interesado o tiene el deseo de cultivar su poder de percepción extrasensorial, entonces hágalo. Cuanto más observador se vuelva, más se dará cuenta de que, en realidad, no hay nada oculto. Es sólo que nunca antes lo había notado.

El Concurso: ¿Lo Quieres? Lo Tienes

21. ¿A qué atribuye su suerte o es solo suerte?

Sí, existe la SUERTE, pero la suerte se crea con una actitud positiva. Uno de los jueces de un concurso, que conoció a varios de los mejores ganadores, dijo lo siguiente:

— Los grandes ganadores que conocí y con los que hablé parecen tener, todos, una actitud positiva en todos los ámbitos de su vida —.

Si quieres tener suerte y no la has tenido en el pasado, cambia tu forma de pensar y tu suerte te seguirá.

22. ¿Es egoísta la búsqueda de cosas materiales?

Para algunas personas, sí, si piensan que lo es. Para mí, no. Mi concepto de persona egoísta es la que sigue queriendo y acumulando cosas por el mero placer de acapararlas. Cuando una persona no comparte, ni desea que nadie más gane o se beneficie de la información, esa persona es egoísta. Tener comodidades, buena salud y felicidad es un derecho de nacimiento de todos: reclámelo.

23. ¿Ganar puede conducir a la felicidad cuando se sabe que muchos pierden?

Todo el mundo tiene la misma oportunidad de encontrar su lugar en la FELICIDAD si es lo bastante importante para él. Pueden revolcarse en la autocompasión, ser un PERDEDOR NATO, pero ¿quién les mantiene ahí? Ellos. Por supuesto, ser un ganador es divertido. No es una "cosa" lo que da la felicidad; es la actitud de la persona lo que lo determina.

¿Quién fue el que dijo una vez: "Prefiero ser rico e infeliz que pobre e infeliz"? Piensa en ello.

24. ¿Por qué los diferentes sorteos tienen diferentes apartados de correos?

Es una forma que tienen los patrocinadores de hacer publicidad de sus sorteos para medir las respuestas de las distintas partes del país. Es una buena idea enviar tus participaciones a diferentes Oficinas de Correos cuando tengas esta información. Como he dicho antes, ayudará a que tus participaciones lleguen a diferentes sacos de correo para el sorteo.

25. ¿Puedo ganar más de un premio en un concurso o sorteo?

Normalmente no. Las bases suelen especificar "...sólo un premio por persona (u hogar)". Esto significa que no importa cuántas participaciones hayas enviado o cuántas veces se haya sorteado tu nombre, sólo podrás ganar un premio.

26. ¿Puedo enviar más de una participación en un mismo sobre para reducir los gastos de envío?

Nunca, a menos que se indique lo contrario, y nunca he visto que suceda. Las participaciones deben enviarse siempre en sobres separados a menos que las reglas indiquen lo contrario.

27. Si utilizo un papel o tarjeta de 3" x 5" para mi nombre y dirección (en lugar del formulario en blanco oficial para la inscripción), ¿puedo escribir el resto de la información requerida en la misma tarjeta de 3" x 5"?

A menos que las normas indiquen que se debe escribir toda la información requerida en un papel de 3" x 5", utilice dos papeles. Uno como sustituto del formulario en blanco oficial de inscripción y el otro para su sustituto de clasificación o comprobante de compra.

28. Cuando el reglamento establece que se debe utilizar un formulario de inscripción oficial, y no puedo encontrar ninguno, ¿cómo puedo obtenerlo?

Lo mejor es escribir a la empresa patrocinadora con atención al Departamento de Publicidad. Explique que le gustaría participar en su concurso o sorteo pero que no encuentra los formularios en su localidad. Pídales que le envíen unos cuantos y asegúrese de adjuntar un sobre con su dirección y estampilla. Espere varias semanas a que le contesten.

29. He visto que en algunos formularios de participación hay un espacio para mi número de teléfono, pero las reglas oficiales no mencionan que tenga que escribirlo si utilizo un sustituto de 3" x 5". ¿Debo incluirlo de todos modos?

Si las normas oficiales no especifican la necesidad de su número de teléfono, entonces no es necesario, aunque el formulario oficial tenga espacio para ello. Siéntase seguro siguiendo las reglas oficiales impresas.

30. ¿Cómo puedo enterarme de todos los concursos y sorteos del país?

Suscríbase a un boletín de concursos. Yo estoy suscrita a varios.

NOTA: Puedes encontrar una lista de colectivos de sorteos que comparten sorteos legítimos en www.ContestQueen.com.

31. ¿Tengo que pedir una lista de ganadores para saber si he ganado y reclamar mi premio?

No. La empresa se pondrá en contacto con usted si ha ganado un premio. Es posible que desee pedir una lista de ganadores para aquellos concursos y sorteos en los que participe, sólo para estar seguro.

32. ¿Dónde está el número de "Código Universal de Producto (UPC, por sus siglas en inglés)", que se pide en algunos sorteos?

Es el número que aparece bajo las barras verticales de los envases de los productos (código de barras).

33. ¿Cómo sé que los concursos y sorteos son legales?

Están estrechamente supervisados por la Comisión Federal de Comercio (FTC, en inglés). Cuando se celebran sorteos, un representante de la FTC o de la Comisión Postal de EE.UU. está presente para observarlos. Puede estar seguro de que los premios se entregarán, ya que una empresa no se gastaría una pequeña fortuna en publicidad para sorteos y luego perdería su reputación por no cumplir lo prometido.

PARTE TRES

EL CONCURSO: ¿LO QUIERES? LO TIENES

INTRODUCCIÓN #3

*La vida o es una aventura
atrevida o no es nada.*
Helen Keller

La publicación de este libro fue una aventura para mí. Tuve que jugármela y autopublicar la primera edición, sin saber cuáles podrían ser los resultados. Mirando hacia atrás, veo lo mucho que cambió mi vida. He conocido a gente fascinante, he viajado por todo el mundo y ahora disfruto enseñando en mi propio centro educativo en Alvarado, Texas.

Algunos de los momentos más emocionantes que me vienen a la mente son: en 1973, me invitaron a Praga para presentar una ponencia sobre algunas ideas que tengo sobre apariciones y formas de pensamiento. Tuve un DEJÀ VU mientras estaba en un palacio de Moscú. También, mientras estaba en las catacumbas romanas, tuve una experiencia espeluznante y aterradora "revisando" mi tumba.

El 12 de noviembre de 1986 partí hacia Perú para dar algunas conferencias y talleres. Planeé una estancia de diez días. Estuve allí hasta el 20 de enero de 1987. Haría falta un libro para compartir mis experiencias durante mi estancia allí. Más tarde, en julio, pasé tres semanas en Sedona, Arizona, para informarme por mí misma sobre los rumores de los vórtices de energía. Voy a reservar mi opinión sobre esa experiencia para una fecha futura.

Tal vez tenga una imaginación muy viva, pero para mí la vida es real. Alguien comentó recientemente que SHIRLEY MACLAINE, MEJOR MUDESE A OTRO LADO... porque Helene Hadsell también es una TROTAMUNDOS CÓSMICA.

Me siento muy afortunada de estar en el planeta Tierra en este momento, con el aumento de la conciencia y el poder sin explotar de nuestras mentes colectivas que están a la espera de ser redescubiertas. Todos mis días y experiencias son gratificantes, inspiradoras y emocionantes.

Deseo que los tuyos también.

Helene Hadsell

Sea Un Ganador En Todas Las Áreas De Su Vida

Es posible que algunos de los que lean este libro hayan leído otros materiales de naturaleza similar. Tal vez haya estado interesado en participar en concursos y sorteos como pasatiempo, pero de alguna manera hubo otros proyectos que se antepusieron. Puede que esté jugando con la idea de tomárselo en serio y dedicar tiempo a concursar de forma regular. No se desanime. A veces hay que presentar las ideas nuevas varias veces antes que se adapten.

Debo compartir una observación interesante de uno de mis amigos, el Dr. Joseph Murphy, que escribió más de cuarenta y tres libros sobre el poder de la mente. Mientras daba conferencias en el área de Dallas, vino a mi casa en varias ocasiones. Como él era una persona con los pies en la tierra, me sentí libre de expresar mis opiniones sobre sus libros y temas. Un día le comenté:

—.Murphy, tus libros me parecen fáciles de leer y entender, pero me he dado cuenta de que dices lo mismo una y otra vez. En algunos de tus libros, incluso repites textualmente los mismos ejemplos —.

Con una sonrisa y un brillo en sus ojos azul acero, respondió:

— Bueno, Helene, encontré que, si algunas personas leen algo cuarenta y dos veces, puede que al final lo entiendan —.

Muchas veces, la repetición es la única forma de aprender para algunos.

Hace poco recibí una carta de una joven madre de Kansas. Empezaba contándome lo mucho que le había gustado leer ¿LO QUIERES? LO TIENES. Participó en algunos concursos y se propuso convertirlo en un pasatiempo gratificante. Eso fue hace tres años. Los problemas personales de su familia se convirtieron en un reto tan grande que lo dejó de lado.

141

EL CONCURSO: ¿LO QUIERES? LO TIENES

Hace varios meses, después de un divorcio y una mudanza, mientras ordenaba sus pertenencias, volvió a encontrar mi libro mientras desempacaba cajas. Se detuvo a releer algunas páginas y se dio cuenta de algo que no había notado antes.

"Fue como leer un libro diferente —, explicó. — Me di cuenta del sentido del humor y la actitud optimista que tienes en todos los ámbitos. NO HAY FRACASOS, SÓLO RETRASO EN LOS RESULTADOS — destacó —, y ahora he tomado prestada esa frase para mis atrasos temporeros. Claro que quiero ganar coches, viajes y dinero, y lo haré, pero SÉ de lo que hablabas cuando decías que todos somos ganadores, pero algunos aún no nos hemos dado cuenta.

Hace sólo un par de meses que leí el libro por segunda vez —, continuó. — Ahora sigo repasándolo y encontrando nuevas ideas. Tomé prestadas algunas de sus "gemas de sabiduría", como usted las llama y me encuentro repitiéndolas a diario. "LOS PENSAMIENTOS SE CONVIERTEN EN COSAS... CONCEBIRLO...CREERLO... CONSEGUIRLO". Esta me gusta mucho: "LA VIDA O ES UNA AVENTURA ATREVIDA O NADA", "PREPÁRESE PARA LO BUENO" y "LO QUE DIOS HA HECHO POR OTROS, AHORA LO HACE POR MÍ Y MÁS".

Las frases que acabo de mencionar están clavadas por todo nuestro apartamento para que las leamos mis dos hijos, de nueve y once años, y yo. Sé que mi actitud ha cambiado y mis hijos también están cultivando más confianza y una actitud mejor.

El sábado pasado, durante un sorteo en el supermercado donde compramos, escogieron el nombre de mi hijo de nueve años. Ganó un vale de despensa de 50 dólares. Se lo está pasando en grande planeando cómo gastárselo.

El lunes, mi hijo de once años escuchó su nombre en la radio tras enviar una postal. Ganó una cena para dos y una colección de discos. Ahora me toca a mí.

Mi escrito de hoy tiene un doble propósito. En primer lugar, para darle las gracias por el magnífico libro que ha escrito y también para preguntarle si tiene más ideas sobre las formas en que uno puede mantenerse positivo, constructivo y creativo. Siento que no he sido el mejor modelo en el pasado con mi actitud de "mártir".

Fíjese que he dicho en el PASADO. Le aseguro que ahí se va a quedar", concluyó.

Este tipo de cartas son las que me alegran el día.

A lo largo de mis años de asesoramiento a personas con todo tipo de proyectos, he recopilado algunas ideas y técnicas que uno puede aplicar para adaptarse a sus necesidades particulares. Creo que todos tenemos el poder de crear nuestro propio destino y que podemos ayudarnos en el camino con pensamientos y acciones constructivas. ¿Por qué no sintonizar con nuestras fuerzas creativas y hacer de éste un entorno más positivo para nosotros y para los que nos rodean?

Cuanto más consciente sea de sus pensamientos y más positivo sea, más fuerte y poderoso se volverá.

Además, descubrirá que sus resultados finales positivos se producen más rápidamente. Las dos cosas más importantes antes de empezar cualquier aventura son: SABER lo que quiere... y PERMANECER con ello hasta que se haga realidad. Cuando el pensamiento llegue a su mi mente, imagínese a usted mismo ya teniéndolo entre sus manos.

CÓMO DESARROLLAR EL PODER DE IMAGINAR

Si tienes dificultad en imaginar un objetivo, recorta imágenes que representen lo que quieres. Pega los dibujos en una cartulina. Pégalas en la pared o en la puerta, donde las veas a menudo. Cada vez que mires las fotos, imagina que ya tienes lo que quieres. De este modo, estarás dando energía a tus objetivos. Continúa imaginando hasta que consigas tu objetivo.

NOTA: Esta técnica funciona porque el subconsciente trabaja con imágenes y fotografías, no con palabras. Por eso los tableros de visión pueden ser una poderosa herramienta de manifestación.

PASAR DEL PENSAMIENTO NEGATIVO AL POSITIVO

Coloque una liga elástica en su muñeca y jale de ella cada vez que piense o diga algo negativo. Su negatividad puede manifestarse de la siguiente manera: Puede estar irritable, no gustarle estar cerca de alguien o impacientarse. Puede obsesionarse con un problema físico y exagerarlo.

Puede sentirse deprimido, tener miedos infundados, sentirse solo, indigno o pensar: "pobre de mí, nadie me quiere ni me entiende". Cada vez que su pensamiento se vuelva negativo, jale la liga y suéltela. Cambie su forma de pensar. Ya sabe cuáles son la mayoría de sus situaciones DEPRIMENTES; ¿por qué no hace una lista de algunos de los positivos?

CONFÍO EN MI BUEN JUICIO A LA HORA DE TOMAR DECISIONES.

TENGO UNA VISIÓN PERFECTA Y PUEDO VER LAS COSAS CON CLARIDAD.

ESTOY EQUILIBRADO FÍSICA, MENTAL Y ESPIRITUALMENTE. COMPARTO MIS CONCEPTOS DE FORMA CARIÑOSA Y ÚTIL.

RESPETO LAS OPINIONES DE LOS DEMÁS.

MIS EMOCIONES ESTÁN SIEMPRE BAJO CONTROL.

ME LIBERO DE CUALQUIER HÁBITO ANTIGUO Y LIMITANTE, Y LO REEMPLAZO CON UNO NUEVO E INSPIRADOR.

Estas son algunas ideas en las que puede concentrarse para empezar. Los pensamientos negativos pueden agotar su energía y creatividad e impedirle alcanzar su objetivo.

Descubrirá que es divertido ser creativo y, muy rápidamente, puede convertirse en una forma de vida para usted. Conviértase en una persona positiva y feliz. Tendrá más amigos y estará más contento.

FRASES INSPIRADORAS

Recorte cada frase inspiradora, humorística o que le resuene mientras lee periódicos o revistas. Escríbalas en un trozo de papel y córtelo para que mida, aproximadamente, 2.5 centímetros de ancho por 7.6 de largo. Corte un popote (sorbeto) de plástico en trozos de poco más de un centímetro. Enrolle los refranes inspiradores y humorísticos alrededor de un palillo de dientes e insértelos en los trocitos de popote. Coloque los refranes en una caja o tazón y seleccione varios al día para leerlos o meditar sobre ellos. Después de leerlos, colóquelos de nuevo en el recipiente y siga aumentando su colección. Pronto será capaz de memorizarlos. Yo hago cajas de refranes inspiradores como regalos personales para mis amigos.

Pegue este mensaje en la cubierta interior:

Si es una respuesta lo que desea encontrar, Deje que venga de su subconsciente,

Su mano seleccionará la respuesta o la pista.

EL CONCURSO: ¿LO QUIERES? LO TIENES

¡Aceptarla o rechazarla depende de usted!

Mis invitados y amigos disfrutan seleccionando y leyendo mensajes inspiradores o humorísticos. Yo coloco mis mensajes enrollados en un cuenco de cristal para compotas, de treinta centímetros de alto. Est sobre mi mesita de centro.

Este es un ejemplo de un pequeño mensaje que me dio Helene. Mide 2.5 x 7.6 cm.

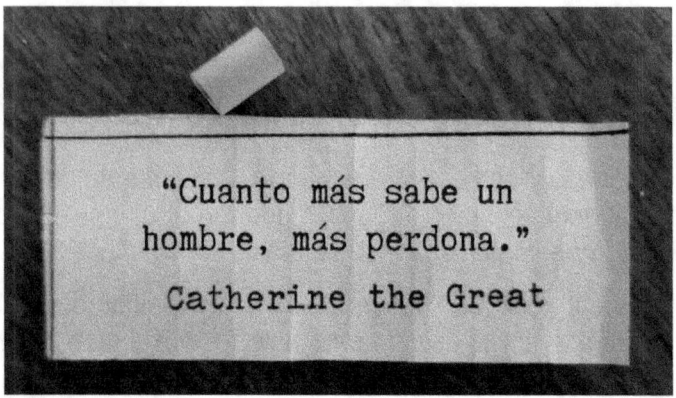

He aquí algunos ejemplos para que se haga una idea de los mensajes que recorto:

"El humor es un agujero que deja salir el aserrín de una camisa rellena". -Jan McKeithen

Es difícil volar con las águilas cuando trabajas con pavos.

¿Es consciente que cuando llega al fondo el siguiente paso es SUBIR?

Por favor, se paciente... ¡Dios aún no está con usted!

PARA MEDITAR, no hagas nada más.

El PASADO está muerto, el FUTURO es de Dios, ¡El PRESENTE es nuestro!

"Quien vive contento con poco, lo possee todo". -Despreaux

No de sólo pan vive el hombre, necesita que lo adulen de vez en cuando.

Es más fácil sufrir en silencio si estás seguro de que alguien está mirando

Pide y recibirás

El Concurso: ¿Lo Quieres? Lo Tienes

> "Todo lo que algunas personas dejan en las arenas del tiempo son huellas".
> -David Vincent

> "La cirugía plástica puede hacer cualquier cosa con la nariz humana excepto mantenerla fuera de los asuntos de otras personas".
> -S. A. Norris

> Toda la humanidad se divide en tres clases: las que son se quedan quietos; los que se mueven; y los que la mueven".
> -Benjamín Franklin

> **El paso más grande que puedes dar es el que das cuando conoces a la otra persona a mitad de camino.**

> "La mejor manera de conseguir un amigo, es siendo uno".
> Frank Clark

> "Cuanto más sabe un hombre, más perdona".
> Catalina la Grande

> Cuando todo lo demás falla, ¡baja sus estándares!

> "La PAZ es la digestión de la felicidad".
> -Victor Hugo

> Algunas personas son como barcos: pitan más fuerte cuando están en la niebla.

> SEA DIFERENTE. ¡ACTÚA NORMAL!

La suerte es como una muleta de goma: lo deja tirado cuando intente apoyarse en ella.

"LA AMISTAD es como una alcancía: no se puede sacar de ella más de lo que le pones". -Mandelstamm

"Cualquiera que no esté jalando de su peso probablemente esté empujando a la suerte". -Franklin P. Jones

Hoy... Voy a escuchar, aprender y ENTENDER todas las cosas con las que me pongo en contacto.

ABRE tu corazón y comparte todas las cosas con el SEÑOR, y nunca caminarás solo.

Es mejor desgastarse que oxidarse.

"La vida es hermosa cuando uno ve más allá de ella." -Bonnat

El primer paso hacia el éxito en cualquier trabajo es interesarse en él.

Cuando hacemos más, y pedimos menos ¡nuestras vidas suelen ser más bendecidas!

"Es difícil detectar la buena suerte: se parece mucho a algo que te ganaste". -Frank Clark

El Concurso: ¿Lo Quieres? Lo Tienes

> **EL COMIENZO DE LA SABIDURÍA ES EL SILENCIO.**

> Hasta el EGOTISTA es para ser admirado. nunca anda por ahí hablando de otros.

> *La verdad podrá liberarte, pero no te hará tener muchos amigos.*

> Nunca intente que nadie sea como usted, usted sabe y Dios sabe que, uno de usted es suficiente. -Emerson

> "Donde gobierna el amor no hay voluntad de poder". Carl Jung

> "ARGUMENTE A FAVOR DE SUS LIMITACIONES UY SEGURO SON SUYAS". RICHARD BACH

> **Siempre encontramos tiempo para lo que nos importa.**

> Un REGALO se da con AMOR, si no, no es un regalo.

> La forma en que un hombre juega muestra algo de su carácter; la forma en que pierde lo muestra todo.

> Abre tu mente -la mente es la puerta de entrada al ALMA.

Refuerce Sus Talentos y Su Grandeza

Grabe una cinta de quince minutos. Incluya todas las sugerencias constructivas y positivas que se le ocurran. Hay muchas sugerencias excelentes en los libros de autoayuda. Escuche la cinta antes de irse a dormir por la noche. Antes de levantarse por la mañana, dígase a sí mismo:

— Hoy es el primer día del resto de mi vida y será la mejor experiencia hasta ahora —. Y lo será.

NOTA: Puede utilizar la grabadora de su celular para crear su propia "cinta" o, también, hay muchas opciones en iTunes y YouTube que puede escuchar. De todo, desde ritmos biaurales, frecuencias de Solfeggio hasta meditaciones relajantes que cubren todos los temas que quiera sanar.

Leí un artículo muy interesante en uno de los catálogos de cintas que recibí por correo. Decía que la persona promedio recuerda sólo el 75% de cualquier información que escucha después de 24 horas. Después de 48 horas, sólo recuerda el 50%. Después de cuatro días, sólo puede recordar el 15%, y después de 16 días, sólo recordará el 2% de la información original. El artículo señalaba que para recordar el 62% de cualquier información después de varios meses, una persona debe oír algo repetido seis veces o más.

Por esta razón, sugiero escuchar la cinta todas las noches durante al menos un mes. Esto casi le garantizará que no sólo cambiará su forma de pensar, sino también su actitud. Recuerde: USTED ES LO QUE PIENSA. Estoy consciente que compartí la profunda declaración de Frank Outlaw en una parte previa de este libro, pero vale la pena repetirla en este momento.

"Cuida tus pensamientos, porque se convierten en palabras; cuida tus palabras, porque se convierten en acciones; cuida tus acciones, porque se convierten en hábitos; cuida tus hábitos, porque se convierten en carácter, cuida tu carácter, porque se convierte en tu destino".

CÓMO SALIR DE LA RUTINA

Relájese en una postura cómoda. Respire profundamente y repita mentalmente: "Con cada respiración, me estoy limpiando de preocupaciones, dolor, envidia, odio (o lo que quiera eliminar)".

Esto sólo debería llevarle unos cinco minutos de su tiempo. Hay tantas pequeñas cosas que uno puede hacer para mantenerse feliz y mantener una perspectiva inspiradora de la vida. Por supuesto, pásese por el centro comercial, el parque, visite a un amigo o haga ejercicio. Comparta sólo situaciones felices con sus amigos. Evite obsesionarse con sus problemas, pues no son más que "proyectos" que puede resolver. Un sabio dijo una vez: "No le cuente a la gente sus problemas. Al cincuenta por ciento les importa un bledo y el otro cincuenta por ciento se alegra de que los tenga". Piénselo un poco.

ATRAER EL DINERO HACIA USTED

Compre un paquete de dinero para jugar, en el departamento de juguetes o juegos de una tienda. Escriba su nombre en todos los billetes. Péguelos en un trozo de cartulina verde. Con un rotulador, escriba "MI BIEN ESTÁ AL ALCANCE DE LA MANO Y AHORA LO RECIBO AGRADECIDO. EL DINERO ES ATRAÍDO HACIA MÍ CONSTANTEMENTE. MI RESERVA DE DINERO ES ILIMITADA". Léalo varias veces al día e imagine que tiene un puñado de dinero.

¿QUÉ LE PARECEN LAS LOTERÍAS?

Es una pregunta que me hacen con bastante frecuencia. No lo sé. Nunca he tenido la oportunidad de investigar. Texas tiene ahora una lotería estatal. Tengo algunas ideas sobre cómo enfocaría ese sorteo. Elegiría los números que tuvieran un significado personal para mí: mi fecha de nacimiento, el número de mi casa o el número de seguro social. Me quedaría con los mismos números y seguiría dándoles energía al verme a mí misma recibiendo una cantidad considerable en un cheque. Sería difícil especificar una cantidad determinada porque tengo entendido que el premio varía. Cada estado tiene sistemas diferentes; algunos utilizan seis números y otros ocho. Si los números de la lotería de su estado se seleccionan por televisión, sin duda tiene una excelente oportunidad para jugar al juego de la mente sobre la materia y ver mentalmente cómo se seleccionan sus números. Cuanto más positivo uno se vuelve, más rápido se realizan los resultados finales.

EL CONCURSO: ¿LO QUIERES? LO TIENES

CONCURSOS PARA NIÑOS

En cuanto a concursar o participar en sorteos, ahora disfruto mucho animando a mi nieto en estos ámbitos. Está mostrando interés por este pasatiempo. Cuando mi nieto tenía ocho años, pasó parte de sus vacaciones de verano conmigo. Lo mantuve ocupado usando su creatividad. Los concursos de colorear a los que se presentó valieron la pena para él. En total, se presentó a cinco concursos. Ganó tres: 100 dólares en una revista nacional por dibujar y colorear un dibujo de su familia, el segundo premio en otro, por colorear un pirata; el premio fue una videocasetera con doce vídeos grabados; y un concurso de cajas de cereales le premió con 100 dólares.

CONCURSOS DE COLOREAR

En un concurso de colorear, simplemente utilice crayones y colorea el dibujo. Lea atentamente las reglas. Las reglas suelen indicar cómo se evaluará el dibujo. Por ejemplo, uso creativo de los materiales para colorear: 30%; efecto artístico general: 30%; interpretación de los elementos del dibujo: 20%; pulcritud: 20%.

Expliquémoslo. Con todos los colores de crayones disponibles y diferentes tonos del mismo color, tiene la oportunidad de hacer dibujos más creativos con mezclas claras y oscuras. Sea más creativo y embellezca con efectos interesantes. Un cuadro puede tener una escena de playa: ¿Por qué no colorear la arena de color tostado, ponerle una fina capa de pegamento y espolvorear esa parte del cuadro con arena de verdad? Para presentar un dibujo con efecto "3-D": recorte el personaje principal y péguelo en una cartulina; pegue la escena del fondo en una caja del tamaño del cuadro (las cajas se pueden comprar en cualquier tienda en el departamento de envolturas de regalo). Si lo desea, puede pegar vegetación de plástico de tamaño pequeño para darle profundidad. Visite el departamento de manualidades de cualquier tienda de variedades para encontrar muchas más ideas. Puede utilizar ojos saltones redondos que se muevan. Si en el dibujo que va a colorear hay personas, quizá quiera vestirlas con tela de vestir o tela de mezclilla azul. ¿Qué le parece utilizar hilo para el pelo?

Algunos materiales tienen una textura peluda que podría usarse en los animales. Si en el dibujo hay una escena acuática, coloréela en tonos azules. Así el agua tendrá un aspecto realmente húmedo. Sí, también hay lugar para la diamantina. Pero los niños tienden a excederse con ella. Para las escenas de Navidad e invierno, está bien utilizarla con moderación.

¿Qué tal hacer una escena nocturna diferente? Si es así, utiliza azul intenso para el cielo y lentejuelas para las estrellas. Ten en cuenta que los concursos infantiles de colorear son muy populares, y los jueces reciben miles de trabajos. Al cabo de un tiempo, a los jueces les parecen todos iguales, así que el tuyo debe ser diferente.

CONCURSOS PARA NIÑOS

Para los niños de entre cinco y siete años, deja que busquen ideas en los libros para colorear. Si hay que dibujar, pueden sacar ideas de ellos. Utilizar un ejemplo es mejor que darles una hoja en blanco.

¿Qué presentó mi nieto para ganar los 100 dólares del concurso que pedía a los niños que dibujaran a su familia? Después de animarlo a hojear un cuento y libros para colorear, se decidió por la ilustración de abajo. Esta es una copia de lo que presentó. Hice una copia del original y la añadí a su libro de recortes de "MI CRECIMIENTO".

El Concurso: ¿Lo Quieres? Lo Tienes

Utilizó papel cuadriculado y una regla para mantener el dibujo ordenado. Se imaginó a sí mismo con la camiseta y la gorra de la liga infantil. A la hora de dibujar a su mamá:

— Siempre está al teléfono —, comentó.

Tardó varios días en terminar el dibujo y colorearlo, con muchos ánimos. Cuando lo terminó y lo envió por correo, tuve que recordarle que pasarían varios meses antes de que tuviera noticias de los jueces. También le recordé que se viera abriendo el sobre y recibiendo un cheque. El premio de este concurso era dinero.

Pasaron casi tres meses desde la fecha de cierre hasta que recibió su premio de 100 dólares.

Las empresas enviarán la lista de ganadores si lo solicita. A algunas personas les gusta saber quién ha ganado. Si le interesa, tiene que enviar un sobre con su dirección y estampilla, pero asegúrese de leer las reglas: la dirección para pedir la lista de ganadores es distinta de la dirección a la que envías el dibujo para colorear.

En el otro concurso al que se presentó mi nieto tenía que colorear el dibujo de un pirata. El pirata estaba sentado en la playa. Utilizó

CONCURSOS PARA NIÑOS

arena de verdad para la playa y, después de colorear el agua de azul, aplicó una capa de esmalte de uñas transparente. Le gusta escribir historias, así que quería que su trabajo pareciera un libro de cuentos.

Utilizó una carpeta y escribió el título de la historia en la portada: "PETE, EL PIRATA DE BUEN CORAZÓN". Estaba muy ilusionado con este proyecto porque el gran premio era un viaje familiar y un cofre lleno de juguetes.

Recibió una declaración jurada el 1 de diciembre. En enero, recibió una carta en la que se le comunicaba que había ganado el segundo premio, una videocasetera con doce vídeos grabados. En febrero, le entregaron el premio.

Muchas veces, un paquete llega sólo con una nota que dice que has ganado el premio. Puede ser muy emocionante para los niños si hacen de los concursos de colorear y dibujar su pasatiempo.

Este año, nuestro nieto fue declarado el alumno más artístico de su clase. Su cuadro de pájaros se expuso en el Centro Cívico de Arte. Por ello, recibió una cinta dorada y su foto salió en el periódico. Antes de participar en concursos de colorear, no le interesaba mucho ser creativo. Anime a los niños mientras son pequeños. No sólo puede ser lucrativo, sino que desarrollan talento en las áreas artísticas.

PARTE CUATRO

El Concurso: ¿Lo Quieres? Lo Tienes

MATERIAL ADICIONAL

En 2003, Helene descubrió que algunas personas vendían sus libros descatalogados por 100 dólares o más. Esto le pareció inaceptable y decidió imprimir ella misma ejemplares de *¿Lo quieres? Lo tienes* porque su objetivo era mantener el precio de venta accesible para que todo el mundo pudiera disfrutar de su sabiduría. Si le encargaba un libro, se lo copiaba, lo xerografiaba, tal vez incluso lo autografiaba, y se lo enviaba directamente por correo.

Como dije en el *Prólogo*, Helene nunca dejó de aprender, crecer y, lo que es más importante, enseñar. Ella no era experta en tecnología, además que, en aquella época la tecnología no era tan amplia como ahora, por lo que añadía todo el material nuevo que escribía al final del libro o de un capítulo. Helene también me envió por correo electrónico varios artículos para que los compartiera con los seguidores de mi blog.

Al crear esta edición, combiné todas esas enseñanzas en esta sección de *Material Adicional*. Este cambio le permite disfrutar de todas las historias, aventuras y lecciones de Helene de forma cohesionada, sin perder la fluidez de su obra inicial, porque sé que ella querría que usted siguiera aprendiendo y creciendo, igual que lo había hecho.

EL CONCURSO: ¿LO QUIERES? LO TIENES

EL CAMINO DE HELENE

Este capítulo se escribió originalmente como epílogo para la edición de 2003 que Helene creó en casa. Se titulaba simplemente: ACTUALIZACIÓN.

ACTUALIZACIÓN

Hace poco me hicieron una pregunta que creo que es necesario abordar. ¿QUIÉN ERES TÚ? Esta es mi respuesta: ¿SOY UNA ELEGIDA? NO LO CREO. Salvar el mundo no es mi misión. A diferencia de Sylvia Browne, los muertos y yo no conversamos. Jeane Dixon hacía predicciones, yo no.

Me han dicho que soy simplemente un canal para ayudar a la gente a ayudarse a sí misma. Esa es mi misión en esta vida. Recibo encargos de Seres de otras dimensiones que se me aparecen en forma física y se comunican telepáticamente. Rara vez aparecen los mismos Seres (entidades) para cada persona, lo que me lleva a creer que son el guía personal o el ángel de la guarda del individuo.

Mis encargos no ocurren a diario. De hecho, ocurren tan esporádicamente que todavía me sobresalto cuando aparece un Ser. Pero ya no tengo miedo. Cuando empezaron a visitarme, gritaba: "

— ¡Vete! ¡Déjame en paz! Debo de estar volviéndome loca —.

Pasaron varios años antes de que me diera cuenta de por qué venían. Sí, recibía mensajes y explicaciones en sueños y en estado de meditación, pero me resistía a reconocer su presencia. Tuve que tener mucha paciencia y convencerles antes de sentirme lo bastante segura y confiada para llevar a cabo una misión.

Hoy, cuando aparece un Ser de cuarta dimensión, escucho su petición y espero tres señales (mi forma de confirmación). Nunca soy bastante temeraria para decir algo que sólo pueda confundir a la gente. En mi libro, Confesiones de una sabia de 83 años cito varios ejemplos en los que pedí pruebas antes de aventurarme en territorios desconocidos.

Hay muchas formas de ayudar y curar a las personas en los ámbitos físico, emocional y espiritual. Soy consciente que un médico que practica la medicina tradicional es necesario cuando alguien desarrolla un desequilibrio químico o se requieren sus habilidades cuando se cura un cuerpo tras un accidente.

Los psicólogos y consejeros también sirven para escuchar y ofrecer sugerencias cuando una persona sufre un trauma mental. Ministros, rabinos y sacerdotes están disponibles cuando uno tiene dudas y preguntas sobre asuntos espirituales.

Yo curo con PALABRAS. El conocimiento que transmito no proviene de libros ni de una educación universitaria; simplemente repito lo que me brinda telepáticamente otro Ser dimensional que está presente en un momento preciso.

Si una persona se sorprende por las soluciones que sugiero, simplemente le explico que es uno de esos días en los que se me da bien adivinar. No es necesario describir al Ser (entidad) que suele acompañarle cuando nos reunimos; sin embargo, no todas las personas tienen un Ser que les acompañe. Cuando esto ocurre, entablo con ellos una pequeña charla sobre temas como la familia, la actualidad, etc.

A mis 79 años, disfruto de mi libertad y mi espacio y me encanta estar sola en mis cinco acres en la zona rural de Alvarado, Texas. Si tengo la necesidad de tener contacto social, hago saber al universo que estoy disponible. Es una técnica que he utilizado durante los últimos 35 años. Le repito a mi tutor:

— Déjame ser un canal para ayudar a la gente a ayudarse a sí misma —.

No pasa mucho tiempo antes de que suene el teléfono o llegue una carta con la petición de una persona que busca un lugar donde reagruparse y relajarse o simplemente venir a mi centro para hablar de los pequeños retos diarios de la vida con los que todos nos encontramos. Ellos los llaman problemas, yo los llamo proyectos y experiencias de aprendizaje.

Me siento afortunada de ser consciente de otras dimensiones. Nuestro mundo tridimensional es nuestra aula física para aprender las lecciones de la vida. La cuarta y otras dimensiones, los mundos invisibles, son los hogares de nuestros consejeros y guardianes, aquellos Seres que nos ofrecen guía y ayuda.

Hay muchas personas en la sociedad actual que operan en otras dimensiones como yo. Me siento bendecida cuando establecemos contacto entre nosotros. ¿Los ELEGIDOS? No lo creo. Sabemos que aceptamos el papel que estamos desempeñando antes de entrar en un cuerpo físico y que nuestros guardianes están siempre cerca para ayudarnos a nosotros y a otros que necesitan aliento y respuestas.

PENSAMIENTO ADICIONAL

Rara vez veo la televisión. Sin embargo, hay algunos programas que han captado mi interés a lo largo de los años.

El programa de televisión **Joan of Arcadia** (*Joan de Arcadia*) me pareció refrescante. Dos programas más recientes que disfruto son **The Medium** (*La Médium*) y **Ghost Whisperer** (*Entre Fantasmas*).

¿Se inspiraron los guionistas para recordarnos que todos estamos rodeados de guardianes que aparecen de muchas formas para ayudarnos durante nuestra vida? Creo que por eso se escribieron estas historias, ya que muchos espectadores pueden identificarse con Joan, Allison y Melinda.

EL CONCURSO: ¿LO QUIERES? LO TIENES

MÉDICO: CÚRESE A SÍ MISMO

Descubrí este capítulo al final de la edición auto publicada e impresa por Helene en 2003 de ¿Lo quieres? Lo tienes. No encaja con sus historias sobre el pensamiento positivo, la manifestación o la Ley de la Atracción, pero como no estaba incluido en ninguno de sus otros libros, decidí compartirlo. Puede haber sido la inspiración para Confesiones de una sabia de 83 años, que publicó en 2007, ya que todas esas historias son de naturaleza similar.

EL VISITANTE

El accidente no fue la única vez que utilicé las técnicas que aprendí de José Silva.

"Oye, yo he hecho eso", pensé mientras leía el libro de Rebecca Lattimer titulado: No se es viejo hasta los noventa. En el capítulo seis de su libro, habla de un médico imaginario al que pide consejo cuando tiene problemas físicos o mentales. Dice que lo leyó en un libro titulado *El Libro del Cuerpo Sano*, de Mike Samuels. Yo no conocía ese libro, pero hice el MÉTODO SILVA DE CONTROL MENTAL a principios de los setenta. Una de las técnicas que nos enseñaron fue ir al nivel Alfa a través de la relajación y reunirnos con consejeros para que nos ayudaran a resolver problemas.

Encuentro esa técnica extremadamente beneficiosa y, hoy, es una segunda naturaleza para mí usarla cuando necesito una respuesta. A veces veo o siento una presencia. Otras veces, la respuesta me llega desde el cosmos.

Dejo un cuaderno y una pluma junto a la cama y en el coche para anotar una palabra clave o una frase que llame mi atención para poder explorarla en un momento más oportuno. Eso es lo que me ha pasado hoy mientras conducía. Se me ocurrió escribir mi experiencia sobre el médico que se me apareció mientras atravesaba un gran desafío físico. El título del relato debería ser "Médico: cúrese a sí mismo". Tal vez la idea me vino a la mente porque estaba leyendo No se es viejo hasta los noventa esa misma mañana.

Era principios de julio de 1992, después de sesenta y seis años de estar en este cuerpo, cuando el malestar en mi abdomen se convirtió en una molestia. Intenté ignorarlo porque había perdido la confianza en la profesión médica debido a una serie de experiencias desagradables en el pasado. Pero sabía que no podía seguir ignorándolo. Sentía que algo iba muy mal en mi proceso digestivo de eliminación y debía prestarle atención.

A principios de ese año, me invitaron a ser la oradora principal en la convención de Entrenamiento Mental Silva en Laredo el 11 de agosto. Decidí posponer ir al médico hasta después de la convención porque tenía muchas ganas de ponerme en contacto con los muchos amigos que conocí trabajando con José Silva, fundador del programa.

Una mañana, después de una noche incómoda, estaba en mi sillón reclinable tomando té cuando recibí una visita de la "Dimensión Desconocida" (la Dimensión Desconocida, para mí, es la cuarta dimensión donde varias personas, incluida yo misma, podemos ver y comunicarnos con seres espirituales). Creo firmemente que algunos de los visitantes que vemos son formas mentales creadas por nosotros mismos y otras apariciones que vienen a guiarnos en momentos de necesidad. (Mi libro En contacto con otros reinos explica con más detalle las formas mentales y las apariciones).

El visitante que apareció era de baja estatura y aparentaba unos sesenta años. Su frente profundamente delineada y sus ojos rasgados me indicaron que debía de ser asiático. Llevaba una bata blanca suelta hasta la rodilla sobre pantalones blancos, lo que me hizo pensar que era médico. Lo que me fascinó fueron sus ojos. En un momento eran como relámpagos de verano y al siguiente de un azul claro y suave. Percibí sabiduría, inteligencia y comprensión detrás de esos ojos.

— Su cuerpo necesita atención en el plano físico. Lo ha estado descuidando durante demasiado tiempo y ya es hora de ocuparse de él —, me comunicó mientras se colocaba frente a mí.

MÉDICO: CÚRESE A SÍ MISMO

Me sentí segura de que estaba allí para ayudarme, así que seguí su consejo.

Aquella tarde pedí cita con un médico general. Tras examinarme y escuchar mis síntomas, el médico me recomendó un escáner interno y radiografías.

— Acabemos con esto cuanto antes —, le pedí.

A la mañana siguiente me sometí a una variedad de pruebas en régimen ambulatorio. Dos días después, volví a la consulta para conocer los resultados.

Cuando llegué, el médico tenía las radiografías expuestas en la pared. Señaló una masa en la vejiga que era la causa del problema y recomendó una intervención quirúrgica inmediata.

— No podré realizar la cirugía pues parece ser cáncer. Considero que lo ideal sería que un oncólogo la realice. Puedo recomendarle varios cirujanos de primera en Dallas. Puedo concretar una cita hoy mismo —, ofreció.

— Pero no puedo tener cáncer. Nunca aprendí a desarrollarlo —, dije mientras mi corazón latía incómodo.

Me miró fijamente durante un segundo, probablemente desconcertado por mi respuesta, y me explicó:

— He consultado con dos de mis colegas. Están de acuerdo en que hay que operar —.

Antes de salir de la consulta, su enfermera me citó con el oncólogo.

Esa noche, mientras estaba en la cama repasando lo que estaba a punto de afrontar, reapareció el médico de la Dimensión Desconocida.

— No. No hay cáncer. Es una infección alrededor de un tumor que está bloqueando sus órganos. Hay que extirparlo. Se pondrá bien y le recomiendo que afronte esta experiencia con humor —.

— Tiene que ser una broma —, dije en voz alta al oír esa sugerencia.

— No. No estoy bromeando. Es un enfoque mucho mejor que el miedo y estaré a su lado para ayudarle en esta experiencia de aprendizaje —, me aseguró.

Dos días después, estaba en la sala de espera del oncólogo. Después de conocernos, me llevó inmediatamente a su sala de exploración, donde estaban mis radiografías. Había marcado el tumor con un círculo y dijo que había que extirparlo.

— ¿Puede decirme si es niño o niña? —. pregunté con tono serio.

— Señora Hadsell, tengo entendido que usted tiene más de sesenta años y es poco probable que pueda estar embarazada —, me explicó pacientemente.

Mantuve el tono serio y le dije:

— Supongo que no lee el National Enquirer. Los alienígenas espaciales llevan bastante tiempo bajando y dejando embarazadas a las mujeres —.

Tras un momento de silencio, tomó mi expediente médico, lo miró brevemente y luego preguntó:

— Señora Hadsell, ¿le han hecho un escáner neuronal? —.

— No, ¿por qué lo pregunta? —.

— Porque lo que está a punto de afrontar es grave —, dijo mientras su rostro se nublaba de preocupación.

— De acuerdo. Hagamos un trato. Usted sea serio y yo seré una tonta. Relájese. Es hora de bromear —, le dije, intentando tranquilizarlo. Sólo se mostró divertido mientras me acompañaba a su despacho para hablar de los pasos a seguir.

— Haré todos los preparativos y podremos programar la operación para el próximo viernes —, me dijo después de mirar el calendario de citas que tenía sobre la mesa. — Tiene que llenar un formulario de consentimiento para que le hagan transfusiones de sangre —, me explicó, entregándome el papel para que lo firmara.

— ¿Por qué es necesario? —, le pregunté.

— Es una medida de precaución. He visto que los pacientes de su edad sangran más durante las operaciones largas y quiero estar preparado —, me explicó.

— Me alegra que me lo haga saber. Detendré la hemorragia, así no será un problema para usted —.

— ¡¿Qué va a hacer qué?!, murmuró mientras me miraba con cara de "no puedo creer lo que acabo de oír".

Intuí que ese último comentario necesitaba una explicación, así que empecé.

— Es una técnica mental sobre la materia que he utilizado en el pasado. Es bastante eficaz. Es una complicación menos de la que tiene que preocuparte —, le aseguré. — Quiero que me operen el lunes por la mañana —, añadí, ya que sentía que este médico sería el que podría ayudar a curar este cuerpo.

— Eso es imposible. Tendré que reservar el quirófano y ponerme en contacto con un anestesiólogo y otro médico para prepararme —, explicó.

— Pues entonces, no se quede ahí sentado. Tome el teléfono y hágalo realidad. Quiero acabar con esto cuanto antes, para poder seguir con mi vida —.

Demasiado sorprendido por mi petición como para poner objeciones, tomó el teléfono y en quince minutos todo estaba arreglado.

Iba a pasar la noche en un hotel anexo al hospital, para poder presentarme el lunes a las 7 de la mañana para la operación. Sí. Tenía miedo. Mentiría si dijera que no lo tenía, pero por alguna extraña razón, SABÍA que era lo que tenía que hacer y que estaría bien.

Cuando llegué a casa esa tarde, me dirigí a mi sillón reclinable para repasar las actividades del día. Mi médico de la Dimensión Desconocida estaba sentado en una silla frente a mí, dispuesto a ayudarme a poner las cosas en orden.

— Ahora vamos a repasar lo que le espera. Se habrá recuperado lo suficiente para hablar en la convención. Tendrá algunas molestias, que deberá aceptar, pues no es más que una experiencia desagradable que hay que soportar mientras se está en un cuerpo físico. Podrá manejarlo suficientemente bien con las técnicas de las que fue testigo durante su estancia en Rusia. Recuerde que todo es energía. La energía curativa viene en pulsaciones. Cuando le da energía negativa con miedo, puede llegar a ser casi insoportable. Cuando repite sanar... sanar... sanar, en lugar de herir... herir... herir, la energía cambia y se siente como olas de suaves caricias tranquilizadoras y el cuerpo sana con mayor rapidez. Repase toda esta información, así podrá estar bien preparada —, sugirió

Tengo lo que algunas personas pueden considerar una manía. Decidí no contar ni hablar de mis problemas físicos con la familia o los amigos porque sé cómo funciona la mente. La sola palabra cáncer asusta a la gente. Lo primero que piensan es en cuántas personas conocen que hayan tenido cáncer y en lo que han sufrido.

MÉDICO: CÚRESE A SÍ MISMO

Lo siguiente que hacen es pensar en mí, yo capto sus pensamientos y miedos y tengo que lidiar no sólo con mis pensamientos sino también con los suyos. Así que la única persona que sabía que me iban a operar era mi marido, Pat, porque él también sabe cómo funciona la mente. Podía contar con su apoyo. Ni siquiera se lo dije a mis hijos.

Fue mi decisión en aquel momento. No necesitaba su compasión. No podían hacer nada más que preocuparse. Sabía que, si los necesitaba, serían los primeros en ayudarme.

El lunes por la mañana, después de ingresar en el hospital, me pusieron en una pequeña habitación con una enfermera. Me pusieron una bata y una inyección. Cinco horas después abrí los ojos y vi a dos médicos, el anestesiólogo y mi marido de pie alrededor de mi cama. El médico estaba ansioso por hacer preguntas.

— Queremos saber cómo detuvo la hemorragia —, preguntó el anestesiólogo.

— Habla con su cuerpo y le dice cómo comportarse —, respondió mi marido, aliviado de que me fuera a poner bien. Enseguida fui consciente de todos los tubos que tenía conectados al cuerpo. Mi objetivo era salir de allí lo antes posible.

— Cuando sienta dolor, pulse este botón y auto medíquese con fármacos —, me enseñó el médico. Nunca pulsé el botón. Cuando sentía molestias, cambiaba mentalmente las pulsaciones de dolor por ondas curativas de energía.

A la mañana siguiente, cuando el médico vino a verme, sacudió la bolsa de plástico de los medicamentos y preguntó a la enfermera si habían colocado otra bolsa. Ella le contestó que no.

— ¿No le duele nada? —, preguntó el médico con preocupación.

— Sí, sí tengo dolores, pero quiero limpiar mi sistema de drogas para que el cuerpo pueda curarse por sí mismo. No quiero depender de las drogas —, le expliqué.

— Probablemente seas una de esas personas que tienen un umbral para el dolor alto —, racionalizó.

No, no le dije que mi médico de la Dimensión Desconocida me estaba aconsejando mejor que él. Salí del hospital en tres días y presenté mi discurso en la convención dos semanas después.

Lo curioso es que el médico de la Dimensión Desconocida sólo aparece cuando necesito consejo sobre un reto físico, mental o emocional.

Por cierto, ¿he mencionado lo que dijo cuando le pregunté cómo se llamaba?

— Médico: cúrese a sí mismo —, respondió mientras su suave risa ondulaba en el aire. — Si le parece, puede referirse a mí como un "DOCTOR QUE CONOZCO" —.

LO MÁS RESCATABLE DE SILVA

Estaba hojeando uno de los muchos diarios que guardé después de tomar las clases de Desarrollo Mental Silva a principios de los años 70. Encontré tantas experiencias personales interesantes que me gustaría compartir algunas con usted. La siguiente es una de ellas. Estoy segura que podrá identificarse con algunos de los incidentes y algunos otros es posible que desee investigarlos por su cuenta.

Formábamos grupos y nos reuníamos semanalmente para repasar lo que nos habían enseñado. Nos interesaban principalmente las artes curativas, detectar anomalías en nuestra pantalla mental y concentrar energía curativa en esas zonas. Los alumnos informaban de sus éxitos y estaban eufóricos. Pero muchas veces, la proyección de enviar energía para cualquier propósito no era duradera; fue entonces cuando aprendí que cuando uno envía energía para cualquier propósito, la energía se disipa después de 72 horas. (Aprendí esto mientras estaba en Rusia, después de reunirme con algunos de los sanadores de todo el mundo). Después de darme cuenta de esta información, se sugirió que deberíamos enviar energía para el bien más elevado de una persona, ya que ¿quiénes somos nosotros para saber lo que tienen que aprender o experimentar en esta vida? Y esto es lo que he estado haciendo desde entonces.

Un martes por la tarde, recibí una llamada telefónica de una mujer que nos pedía que enviáramos energía curativa a su hermano.

Tenía sólo 32 años y estaba en el hospital con cáncer de estómago.

Me dijo que los miembros de su iglesia se reunían todas las noches para rezar por su curación y que mostraba signos de mejoría. Sintió que, si lo incluíamos en nuestro círculo energético, se curaría. Tras anotar su nombre para incluirlo en la reunión de esa noche y conseguir su número de teléfono, le informé que me gustaría mantener contacto con ella.

Esa noche, cuando los alumnos lo proyectaron en su pantalla mental, todos aprendimos algo. Les di su nombre y su edad, ellos debían intuir cuál era su problema. Luego hablaríamos de lo que habíamos captado sobre él. Telepáticamente nos hizo saber que no quería más energía ni oraciones y que le estábamos impidiendo abandonar su cuerpo. Cuando le preguntamos por qué quería morir a una edad tan temprana, respondió:

— Mi tiempo en lo físico ha terminado. He venido a enseñar responsabilidad a mi familia y lo he conseguido. Ahora déjenme ir en paz —.

A la mañana siguiente, tenía intención de llamar a su hermana y contarle lo que sabíamos, pero ella se puso en contacto conmigo primero.

— Señora Hadsell, anoche tuve un sueño de lo más inquietante. Mi hermano apareció en un sueño y me dijo que por favor dejara de rezar por su curación porque esa energía le estaba impidiendo salir de su cuerpo. Así que, por favor, quítelo de su lista de sanación —, me pidió.

Desde entonces, sólo proyecto energía para el bien más elevado de una persona. Y ahora, usted también sabe que cuando proyectamos energía, ésta dura 72 horas. En esta etapa de mi vida, ya no tengo necesidades, pero todavía tengo algunos deseos. Cuando proyecto energía para un deseo, estipulo que sólo se materializará si es para mi bien mayor.

Cartas Numerológicas #1

Como describo en el capítulo Mis aventuras con Helene, las cartas numerológicas se hicieron en álbumes de fotos con páginas adhesivas. En esas páginas, Helene recopilaba información de varias modalidades (ver abajo) basada en su fecha de nacimiento para darle una idea del viaje de su alma.

Hasta hace poco, no conocía a nadie que ofreciera el tipo de cartas numerológicas que Helene creaba. Por eso he incluido sus artículos en este libro, con la esperanza de que le ayuden a comprender su propio camino.

Entonces, la médium Sarah Jordon, siguiendo su intuición, se puso en contacto conmigo para recrear, lo más fielmente posible, las Cartas Numerológicas de Helene. Las Cartas Numerológicas 2.0 ya están disponibles aquí: https://bit.ly/Blueprints2

NOTA: Puede ver dos vídeos sobre las cartas numerológicas de Helene en mi canal de YouTube WordsForWinning. https://www.youtube.com/@WordsForWinning

Si desea ayuda adicional para descubrir su destino, existen innumerables buenos lectores, intuitivos, psíquicos y médiums especializados en astrología, numerología, oráculos, trabajo energético, feng shui, etc. Comience con los recursos de *Lecturas Recomendadas* que reseño al final de este libro y siga a partir de ahí.

La siguiente fórmula que he utilizado durante los últimos 50 años para compilar Carta Numerológicas se llama UNITOLOGÍA. Incluye Astrología, Numerología, Cartas de Juego, Astrología China, Kl-ología, Lazos Kármicos, Números Maestros, técnicas de Vidas Pasadas, Tonificación (que es su nota personal para resonar la sanación), su Año Personal trazado, además de una revisión y sugerencias e impresiones que me llevan a compartirlo con la persona.

NOTA: La forma en que Helene utiliza la palabra UNITOLOGÍA significa; la unidad de todos los tipos de metodologías metafísicas y espirituales para descubrir el camino de tu vida, tu propósito y fluir con el tiempo divino, diferencia de a una iglesia religiosa o culto que utiliza el mismo término.

La UNITOLOGÍA no es una religión ni una forma de adivinación, sino un método para sincronizar tus decisiones y acciones con el ritmo de la vida. SABE que puede cambiar su destino cuando cambia su forma de pensar. La UNITOLOGÍA puede satisfacer la necesidad de las personas que buscan afanosamente una persona o un libro que les ayude en la comprensión humana. La simplicidad de este método de autoanálisis es la respuesta que sigo utilizando hoy en día.

Presento la información personalizada en un álbum de fotos de veinte páginas para que se pueda consultar periódicamente. Lo que sigue es una explicación que comparto a partir de mis experiencias personales y mis investigaciones.

Puede aceptar o rechazar mis opiniones.

Usted eligió a sus padres. Sus padres le dieron un nombre. Su yo superior le dio su MISIÓN. Cuando lea y revise su Carta Numerológica, acentúe siempre lo positivo y elimine lo negativo.

Nuestra vida se divide en tres ciclos principales. El primer ciclo principal es el número de MES. Este ciclo representa los años FORMATIVOS y establece el tono para toda la vida. También representa la condición en la que nació. Es el ciclo en el que se forman los sistemas de valores y creencias. Representa las experiencias relacionadas con la familia, la infancia, la escuela, la religión y el entorno. PITÁGORAS enseñó que hay NUEVE NÚMEROS BÁSICOS; todo lo demás es REPETICIÓN. Por lo tanto, cada vez que encontramos un número compuesto, lo reducimos a una sola cifra. A menos que sume un 11, 22 o 33, que llamamos NÚMEROS MAESTROS, esto significa que tienes más energía con la que trabajar.

Cada vida que estamos en el planeta tierra en un cuerpo físico, tenemos una MISIÓN, también referida como nuestro NÚMERO DE DESTINO. Como encontramos ese número es sumando los números de tu fecha de nacimiento y reduciéndolos hasta que obtengas un solo dígito. Por ejemplo, si tu cumpleaños es el 4 de septiembre de 1960 (4/9/1960), obtienes tu Número de Misión/Destino así 4+9+1960 = 1973. 1+9+7+3=20. 2+0=2. Tu Número de Misión/Destino es 2.

NOTA: También puede sumar la fecha así: 9+4+1+9+6+0 = 29 luego 2+9=11 y finalmente 1+1=2.

Solía sorprenderme la cantidad de gente que no tenía ni idea de cuál era su Misión/Destino. Gente de todas las profesiones y condiciones sociales y de todo el mundo piden ahora que se les trace su Carta Numerológica.

EL CONCURSO: ¿LO QUIERES? LO TIENES

Cartas Numerológicas #2

Después de que Helene apareciera en 2008 en un programa educativo de Finerminds (ahora Mindvalley), que ya no está disponible, recibió una lluvia de consultas de personas de todo el mundo sobre sus libros, cartas numerológicas y, en concreto, sobre su método SPET. Muchos estaban preocupados por su situación económica actual o querían saber por qué no estaban ganando dinero. Ella me pidió que compartiera esto con mis lectores.

EXPLICANDO UNA CARTA NUMEROLÓGICA

Disfruto haciendo las cartas numerológicas de la gente. Ofrecen tanta información sobre la MISIÓN que tiene al entrar en un cuerpo físico para experimentar esta vida. He tenido tantas peticiones para explicar cómo configuro una carta que decidí explicar y dar una imagen más clara de lo que se trata.

EJEMPLO: Un varón nacido el 7 de septiembre de 1960. (Sólo trabajamos con números del 1 al 9, así que sumo los dígitos del año para obtener un 7). Septiembre es un (9). El día es un (7). El año es 1960 = (7). Suma el 9+7+7 = 23. 2+3 = (5). Su Misión es el AVENTURERO: alguien que crece y aprende sobre la vida estando dispuesto a vivirla a fondo y a cambiar las cosas (y a las personas). Representa la libertad.

Cada Carta Numerológica incluye lo que significa su nombre, sus ciclos Informativo, Productivo y de Cosecha. Solicito tres fechas de nacimiento de familiares o amigos de los que desee saber más, para poder mostrarle los lazos kármicos que tiene con ellos. También incluyo la técnica de cómo puede trazar información sobre la Misión de otras personas. Uno de los aspectos más reveladores de cada Carta Numerológica es la carta elegida según su nacimiento. También incluyo una tarjeta para cada persona que incluyó. Su Signo Solar, dónde estaba su Nodo Norte en su nacimiento, informándole sobre lo que necesita trabajar mientras está en su cuerpo físico; el Tono que resuena con su Signo Solar. Los números maestros se revelan en los números de nacimiento. Su animal chino, KI-ología y un montón de dibujos animados, para que se anime mientras lee toda la información sobre usted.

La parte que personalmente más disfruto de hacer una carta numerológica es cuando lo completo, me siento a leerlo y escribo información que necesita considerar. Muchas veces siento que alguien me está comunicando mentalmente lo que debo recordarle. Cuando esto sucede, siento que aprendo tanto o más que la persona cuya carta numerológica estoy haciendo. Permítame compartir una página real que escribí al hombre cuya carta hice hace unos meses. Recordará que nació el 7 de septiembre de 1960.

ALGUNAS COSAS PARA QUE CONSIDERE

Tiene algunos números interesantes para trabajar dentro de esta encarnación. Recuerde que sus padres le dieron su nombre, la inteligencia superior le dio sus números.

Mes: septiembre un (9), es su ciclo de INFORMACIÓN que duró hasta que tuvo 31 años. El (9) es la vibración del Humanitario, cuya vida debe ser un ejemplo de la comprensión sobre que todas las personas y todas las formas de vida son interdependientes. Debe aprender a sobrellevarlo, ya que requiere grandes dosis de comprensión. Durante este periodo, se tomaba las cosas muy en serio y trataba desesperadamente de racionalizar muchas cosas que no podía entender porque tenía una vena inquieta que tiraba de usted en todas direcciones. Leía mucho. ¿Sabía que tiene un talento natural para escribir, un don que ya tuvo en vidas pasadas? Espero que sea consciente de este talento para la escritura. No fue un ciclo fácil para usted. Le instó a buscar el autoconocimiento.

Exigió mucho examen de conciencia porque su MISIÓN, como el Aventurero es inquieto, quiere viajar/investigar. Escribir sus sentimientos y experiencias hubiera sido un gran consuelo. Tal vez un diario al que pudiera referirse ocasionalmente hubiera sido muy beneficioso. Pero ya no está en este ciclo.

Día: nacido un (7). Su ciclo PRODUCTIVO de los 32 a los 58 años y en el que se encuentras actualmente. Es el número del Filósofo, cuyo viaje interior sólo termina en el autoconocimiento completo y el estilo de vida perfeccionado. Pasar mucho tiempo analizando sería un buen hábito a cultivar.

Su ciclo de COSECHA también es (7) y comenzará cuando tenga 59 años. Le ha tocado un doble siete, en el ciclo Productivo y en el de Cosecha. ¿Está recibiendo el mensaje de lo que necesita hacer es centrarte en el aspecto espiritual de quién es, por qué está aquí y qué ha venido a aprender? Observo en su página de lazos kármicos que su ESPOSA, su HIJO y USTED tienen el número

(7) en su ciclo de Cosecha. Todos ustedes vinieron del mismo Grupo de Almas para apoyarse mutuamente.

Su carta; La Reina de Corazones, la carta de la Madre Cariñosa; contiene información y sugerencias excelentes que puede resultarle muy beneficioso tener en cuenta. La Desiderata en la contraportada de su libro de 20 páginas de su carta numerológica, tiene una filosofía realista que tiene mucho sentido. Estará en su cuerpo físico durante mucho tiempo. Asegúrese que VIVIRÁ, no sólo existirá. La diversión y los juegos aún están reservados para usted. ¡Alégrate, niño! Por eso, incluí todas las caricaturas para su beneficio. ¡DISFRUTE!

El hombre cuya carta numerológica acabo de compartir con usted me hizo esta pregunta:

— ¿Podría explicarme en detalle cómo proyectar prosperidad? —.

MI RESPUESTA

¡No puedo ser más específica que lo que he repetido miles de veces: SPET! Selecciónelo... Proyéctelo... Espérelo... Tómelo...

Mírese a sí mismo como si ya tuviera lo que quiere. Ahora que es consciente de lo que ha venido a hacer en esta vida, llegará un momento en que los coches, los viajes, las casas, el dinero y la prosperidad no serán una prioridad. Por eso le sugiero que agregue esto a sus metas, deseos y proyectos. "Si está destinado a ser", o "Si esto es para mi bien mayor". José Silva utilizó la frase: "Si Dios quiere". Personalmente creo que se nos da todo lo que ganamos en nuestra vida pasada y presente. Debemos pedir para recibir: de eso se trata la SPET.

El Concurso: ¿Lo Quieres? Lo Tienes

Permítame recordarle que se puso en contacto conmigo para hacer su carta numerológica y que puede aceptar o rechazar todo lo que he dicho. Me doy cuenta que puedo perder amigos e influir en enemigos, pero eso es lo que ganó por ser una vieja SABIA.

Catorce Quilates de Oro

Como ya he dicho, Helene nunca dejó de aprender ni de enseñar. En su último año de vida, se inspiró en los Juegos Olímpicos y me pidió que compartiera el siguiente artículo para que lo disfrutara.

¿Es usted un ganador de oro, plata o bronce?

Los Juegos Olímpicos de 2010 conceden medallas a las habilidades físicas. Yo propongo que tengamos premios para cualquiera que utilice su mente, imaginación y acciones benévolas a diario.

Responda a las siguientes preguntas para ver su puntuación.

1. ¿Actúa según sus emociones? La lógica puede proporcionar la razón para comprar o hacer algo, pero la emoción proporciona el impulso.

2. ¿Utiliza su sexto sentido, una sensación saber algo con certeza que simplemente ocurre? Si es así, puedes mover montañas con persistencia y determinación.

3. Una vez leí que las personas se dividen en tres grupos: (1) los que hacen que las cosas sucedan, (2) los que observan cómo suceden y (3) los que se preguntan: "¿Qué ha pasado?". ¿Usted hace que las cosas sucedan?

4. No me gusta el dicho: "Nunca cruce un puente hasta que llegue a él". El mundo es propiedad de hombres y mujeres que cruzan puentes en su imaginación con kilómetros y kilómetros de antelación. ¿Es usted una de esas personas?

5. ¿Intenta aprovechar al máximo todo lo que viene y al mínimo todo lo que se va?

6. Lo que piensa significa más que cualquier otra cosa en su vida, más que lo que gana, más que dónde vive, más que su posición social y más que lo que los demás puedan pensar de usted. ¿Es consciente de ello?

7. El entusiasmo es contagioso. Delo de sí mismo si quiere recibirlo de los demás. ¿Practica esta regla?

8. ¿Siempre ha sido capaz de saber cuándo va por el buen camino porque ese camino siempre ha sido cuesta arriba?

9. ¿Es como un pato? Tranquilo e imperturbable en la superficie, remando como el diablo por debajo.

10. ¿Ha aprendido que lo importante no es quién tiene razón, sino qué es lo correcto?

11. ¿Es consciente que su buena voluntad es el único activo que la competencia no puede malvender ni destruir?

12. ¿Sabe que, si parece que tiene éxito, tendrá éxito? La gente tendrá confianza en usted, si parece que tiene confianza en usted mismo.

13. ¿Sabía que cuando puede hacer las cosas comunes de la vida de una manera poco común, puede llamar la atención del mundo?

14. Si hace lo que siente cuando lo siente, puede seguir yendo más allá. Parece que, cuando se es joven, le preocupa lo que todo el mundo piense de usted. Alrededor de los 30 años, puede llegar a darse cuenta que el mundo no le prestaba tanta atención. ¿Lo ha aprendido ya?

Clasificación:

Para clasificar a una medalla de ORO, debe haber obtenido la puntuación perfecta de 14.

Para clasificar a la medalla de PLATA, debe haber respondido afirmativamente a 10 preguntas.

Para clasificar a la medalla de BRONCE, debe haber obtenido 8 puntos.

Cualquiera que tenga menos de 8 puntos necesita un Ajuste de Actitud.

CATORCE QUILATES DE ORO

El Concurso: ¿Lo Quieres? Lo Tienes

DESIDERATA

ANDE PLACIDAMENTE entre el ruido y la prisa, y recuerde la paz que puede haber en el silencio. Viva en buenos términos con todas las personas tanto como pueda, sin rendirse.

Diga su verdad tranquila y claramente, escuche a los demás, incluso al aburrido y al ignorante; ellos también tienen su historia.

Evite a las personas ruidosas y agresivas; ellos son vejaciones al espíritu. Si se compara con otros puede volverse vanidoso y amargo; porque siempre habrá personas más grandes y más pequeñas que usted.

Disfrute de sus logros, así como de sus planes. Mantenga el interés en su propia carrera, aunque sea humilde, es una verdadera posesión en las cambiantes fortunas del tiempo.

Use la precaución en tus negocios, porque el mundo está lleno de trampas. Pero no por eso se niegue a la virtud que pueda existir. Mucha gente lucha por altos ideales y en todas partes la vida está llena de heroísmo.

Sea usted mismo. Especialmente, no finja afectos. Tampoco sea cínico respecto del amor, porque frente a toda aridez y desencanto el amor es perenne como la hierba.

Recoja mansamente el consejo de los años, renunciando graciosamente a las cosas de juventud.

Nutra su fuerza espiritual para que lo proteja en la desgracia repentina, pero no se angustie con fantasías. Muchos temores nacen de la fatiga y la soledad.

Junto con una sana disciplina, sea amable consigo mismo. Usted es una criatura del Universo, no menos que los árboles y las estrellas; usted tiene derecho a estar aquí.

Y aunque le resulte evidente o no, sin duda el universo se desenvuelve como debe. Por lo tanto, manténgase en paz con Dios de cualquier modo en que lo conciba y cualesquiera sean sus trabajos y aspiraciones, mantenga en la ruidosa confusión, paz con su alma. Con todas sus farsas y sueños rotos, éste sigue siendo un mundo hermoso. Tenga cuidado. Esfuércese en ser feliz.

Por Max Ehrmann © 1927

Epílogo

Tuve la suerte de leer por primera *¿Lo quieres? Lo tienes* hace más de 15 años. Pensaba que había entendido completamente el juego Selecciónelo, Proyéctelo, Espérelo, Tómelo (SPET) porque manifesté con éxito un viaje a Londres, Reino Unido, utilizando todas las enseñanzas de Helene.

Luego, cuando empecé a actualizar este libro y a leer las palabras de Helene una y otra vez mientras editaba la sabiduría que compartió con el mundo hace tantos años, sentí como si estuviera leyendo un libro completamente nuevo. Comprendo sus ideas y enseñanzas de forma diferente. Creo que es porque a medida que avanzamos en la vida, aprendemos, crecemos y evolucionamos, también lo hace la lente a través de la cual vemos el mundo.

Lo que me perdí la primera vez estaba justo en el título. Helene nos estaba enseñando a todos que es un JUEGO. La clave de SPET es DIVERTIRSE. Helene escribió este libro sobre cómo ganar premios, pero fue así como consiguió que leyera sus ideas. Este libro trata realmente de ganar en la vida.

Haga lo que Helene quería que hiciera: juegue con ello. Aplique el SPET cualquier cosa y a todo lo que su corazón desee. No se preocupe si sus sueños no se manifiestan inmediatamente. A veces están hechos para tardar un tiempo. Debe liberar el CÓMO; cómo llega o cómo se ve. (¿Recuerda el viaje de Helene a París? Fue todo a trozos, pero al final, ella estaba exactamente donde quería estar). Disfrute de todo el proceso, desde soñar hasta recibir.

No espere más de una década para volver a leer las enseñanzas de Helene, como hice yo. Convierta la lectura de sus sabias palabras en un acontecimiento anual. Mire sus lecciones con nuevos ojos cada año, establezca nuevos objetivos y disfrute de cada aventura mientras navega por el JUEGO de la vida.

Si le da a sus deseos la energía suficiente, se manifestarán.
No es una ilusión, es un hecho.
Helene Hadsell

EL CONCURSO: ¿LO QUIERES? LO TIENES

LECTURAS RECOMENDADAS

Algunos de los libros que menciona Helene están descontinuados, pero no por ello son menos valiosos. No deje de buscar ejemplares en librerías de segunda mano, tiendas de segunda mano y mercaditos.

RECOMENDACIONES DE HELENE

1) **El poder del pensamiento positivo**
   por Norman Vincent Peale

Este es el libro que Helene menciona en la Introducción #1 y que la puso en el camino de la victoria. Los dos puntos que la incitaron a investigar más sobre la positividad y la mente fueron:

- Puede tener lo que quiera siempre que sepa lo que es.
- Véase a sí mismo ya teniéndolo.

2) **El Método Silva de Control Mental**
   por José Silva

Helene no sólo fue amiga de José Silva por más de 30 años, sino que en algún momento fue su Asistente y Gerente de Relaciones Públicas. Si tiene algún problema dominando su proceso SPET (Selecciónelo, Proyéctelo, Espérelo y Tómelo), entonces debe leer el libro de José ya que sus enseñanzas son de las que SPET se deriva, aunque claramente, ella le dio su propio toque.

3) **No se es viejo hasta los noventa**
   por Rebecca Lattimer

Helene comenta sobre la lectura de este libro en el capítulo Physician Heal Thyself.

4) **El libro del cuerpo sano**
   por Mike Samuels

Aunque Helene nunca leyó este libro, lo menciona. Lo hizo para mostrar la progresión de la transmisión de conocimientos. Cada maestro te lleva al siguiente nivel. Cada lección aprendida puede actualizarse y modernizarse para la siguiente generación de estudiantes.

5) **Sí funciona: ¡El famoso librito rojo que hace realidad tus sueños!**
   por RHJ

Helene recomienda este libro en el capítulo Técnicas Mágicas para el Éxito como complemento de su lección.

6) **El poder de la mente subconsciente**
   por el Dr. Joseph Murphy

Helene también era amiga del Dr. Joseph Murphy. Como ella dice a menudo, es bueno repetir las mismas lecciones varias veces para consolidarlas en nuestra mente. También es bueno escuchar lecciones similares de diferentes maestros. A veces, escuchar el mismo concepto presentado desde un ángulo ligeramente diferente nos ayuda a captar mejor la idea.

RECOMENDACIONES DE CAROLYN

1) **La Ley de la Atracción**
   por Michael Losier

Si tiene problemas para eliminar la duda de la ecuación, como lo indica Helene, entonces el libro de Michael es una lectura obligada. Su libro de Cómo Hacer la Ley de la Atracción, que lo lleva a través del proceso paso a paso, incluyendo cómo manifestar sus deseos al permitirlos.

2) **El Factor Atracción**
   por Dr. Joe Vitale

A Helene le encantaba Joe. Le parecía muy dinámico. El fin de semana que estuve con Helene, nos pusimos en contacto con Joe para ver si podíamos salir con él. Pero no pudo ser. Si lee alguno de sus libros, entenderá por qué a Helene le gustaba como profesor.

Lecturas Recomendadas

3) **Transformar la suerte en destino**
   por Robert Ohotto

En la vida, como las cartas, la mano que nos toca es nuestra Suerte. Cómo jugamos esa mano es nuestro Destino. Robert le enseña cómo identificar y sanar bloqueos inconscientes que pueden estar obstruyendo su bien más elevado.

4) **¡Cómo ganar dinero, coches, viajes y mucho más!**
   por Carolyn Wilman

Helene y yo teníamos el mismo objetivo: enseñar a los demás a mejorar sus vidas siendo positivos, divirtiéndose y ganando premios. Si quiere aprender paso a paso cómo encontrar, organizar, participar y ganar sorteos, concursos y regalos legítimos, entonces mi libro es una lectura obligada.

5) **El factor suerte**
   por Dr. Richard Wiseman

Este es uno de mis libros favoritos porque muestra que la suerte no es una criatura mística y escurridiza del bosque que nunca se ve.

Richard esboza cuatro principios fundamentales que puede poner en práctica para crear suerte en su vida.

6) **El cumplimiento espontáneo del deseo**
   por Deepak Chopra

No existen las coincidencias. Por ejemplo, no fue una coincidencia que yo conociera a Helene y leyera su(s) libro(s) y que además pasara cuatro días con ella. Me dio la oportunidad de compartir su trabajo.

En este libro, descubrirá cómo todos estamos conectados a todo lo que existe y a todo lo que está por venir. Cuanto más consciente se vuelve y conecta con el campo de posibilidades infinitas, más "coincidencias" experimenta.

7) **Convertirse en sobrenatural**
   por Dr. Joe Dispenza

Como ya se ha dicho, cada maestro es un peldaño hacia la siguiente lección y nivel de conocimiento. Joe ha aprendido de maestros como

José y está enseñando el siguiente nivel de dominio de la mente. A través de varias meditaciones, aprenderá cómo sintonizarte con las energías Universales y crear la vida que desea.

8) **Sane su cuerpo**
   por Louise Hay

Al igual que Helene, Louise se curó a sí misma. Su experiencia fue tan profunda que no sólo escribió este libro, sino muchos otros, Louise fundó una editorial, Hay House. Este libro es una fantástica introducción a la conexión mente-cuerpo-espíritu.

9) **La ganadora de premios de Defiance, Ohio**
   por Terry Ryan

Este libro es una lectura obligada para cualquiera a quien le guste participar en concursos. (Asegúrese de leer el libro antes de ver la película.) La historia narra la vida de Evelyn Ryan y cómo fue capaz de utilizar su ingenio y creatividad al estilo Madison Avenue para criar a sus diez hijos en veinticinco palabras o menos.

NOTA: Si quiere leer más de mis favoritos, puede encontrar una lista más completa en mi sitio web Words For Winning:
http://bit.ly/CarolynsFavoriteBooks

AUTORAS

HELENE HADSELL

La vida de Helene Hadsell fue una prueba no sólo de su dinámica filosofía, sino también de su práctica del pensamiento positivo en la enérgica persecución de sus objetivos, que le trajo ricas recompensas en términos de bienestar espiritual, físico y material. Este libro es el relato verídico de los asombrosos acontecimientos de su vida, que confirman su convicción de que cualquiera puede lograr cualquier cosa que su mente pueda concebir si se lo propone firmemente.

Helene tiene el récord de haber ganado todos los concursos en los que participó. Empezó a concursar en 1957 y ganó de todo, desde equipamiento deportivo hasta electrodomésticos; un órgano Hammond, viajes a Nueva York, Washington D.C. y a Europa. Por supuesto, el mayor premio de Helene fue ganar una casa de ensueño totalmente amueblada en un concurso patrocinado por Formica Corporation.

En 1986, fundó Delta Sciences como centro de retiro. Acudían personas de todo el mundo, como Inglaterra, Suiza, Hungría y Perú, así como de todos los estados de Estados Unidos de América.

Helene Hadsell era madre de tres hijos: Pamela, Dike y Chris. También tenía tres nietos y tres bisnietos. Vivía en Alvarado, Texas, con su marido, Pat, que compartía su interés por ayudar a la gente a mejorar su vida a través del poder mental.

CAROLYN WILMAN

A Carolyn Wilman le encanta enseñar a los demás sobre mentalidad, mercadeo y cómo ¡GANAR! (tanto en la vida como en los sorteos).

Como comercializadora digital bajo el estandarte de su agencia Idea Majesty, Carolyn ofrece programas de marketing digital que ayudan a empresas de distintos sectores a maximizar sus presupuestos promocionales al tiempo que aumentan sus bases de clientes fieles.

El Concurso: ¿Lo Quieres? Lo Tienes

Destinada a ayudar a otros a desarrollar su potencial, Carolyn fundó una editorial, Words For Winning, que adquiere los derechos de publicación de autores y líderes de opinión descontinuados. A continuación, actualiza y reintroduce sus libros a una nueva generación de lectores.

Hasta la fecha, ha reeditado todos los libros de Helene Hadsell. Helene era famosa por ganar todos los premios que deseaba, incluida una casa totalmente amueblada. Carolyn también ha adquirido los derechos de muchos de los libros de los doctores Tag y Judith Powell. Curiosamente, Tag fue el segundo editor de Helene y autor por derecho propio.

Además, Carolyn es profesora de sorteos y se le conoce como "La Reina de los Concursos". También escribió dos libros galardonados, *You Can't Win If You Don't Enter* (No puedes ganar si no participas) y *How To Win Cash, Cars, Trips & More* (Cómo ganar dinero, coches, viajes y mucho más). Su probado sistema de participación en línea ha ayudado a otros a ganar más de 1 millón de dólares en efectivo y premios.

Como concursante, al igual que Helene, Carolyn ha ganado más de 350.000 dólares en premios en los últimos 20 años, incluyendo viajes a California, Florida, los Juegos Olímpicos de Invierno, una gira europea, con un viaje al set de grabación de Harry Potter en Londres, Inglaterra; siendo éste su favorito.

¡Permanezca atento para ver cuáles serán sus próximas aventuras ganadoras!

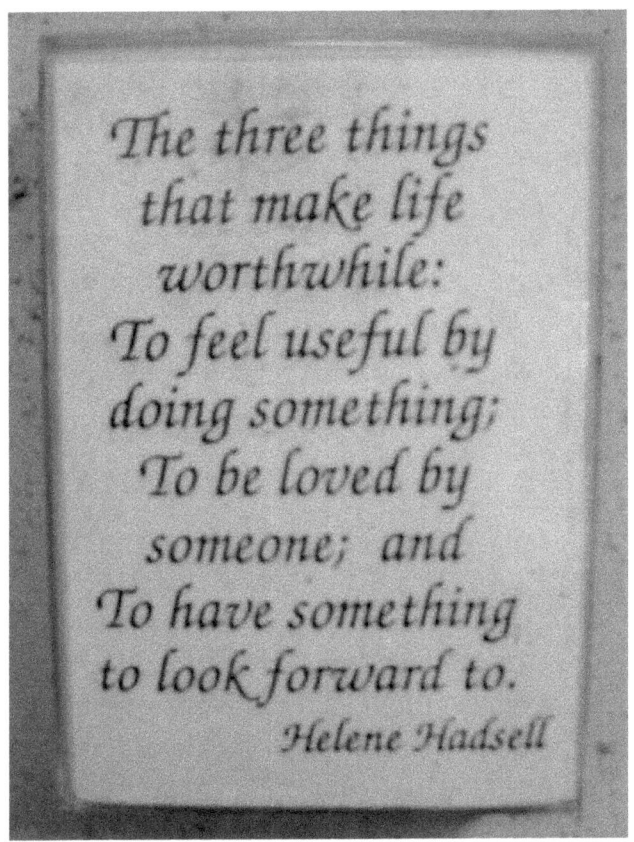

Las tres cosas que hacen que la vida valga la pena:
Sentirse útil haciendo algo;
Ser amado por alguien; y
Tener algo que miras con ansias.

Helene Hadsell

EL CONCURSO: ¿LO QUIERES? LO TIENES